KB008648

STB 상생방송 『환단고기』 북 콘서트

인류 창세역사와 시원문화를 밝히다

독일편

STB상생방송 환단고기 북 콘서트 [독일편]

인류 창세 역사와 시원문화를 밝히다

발행일 2023년 1월 6일 초판 1쇄
저 자 안경전
발행처 상생출판
발행인 안경전
주 소 대전 중구 선화서로 29번길 36(선화동)
전 화 070-8644-3156
F A X 0303-0799-1735
홈페이지 www.sangsaengbooks.co.kr
출판등록 2005년 3월 11일(제175호)
ISBN 979-11-91329-39-1
979-11-91329-13-1 (세트)

한글판 STB 상생방송 『환단고기』 북 콘서트 독일편

인류 창세역사와 시원문화를 밝히다

안경전 | 지음

상생출판

인류의 가장 큰 희망인 개벽문화를 선도하고 상생의 새 세계를 열기 위해 혼신의 힘을 기울이는 역주자는, 21세기의 중심 화두를 개벽과 상생에 두고 앞으로 열리는 가을철 후천 영성문화의 참모습을 전하는 저술과 강연활동으로 이 땅의 모든 사람들에게 참된 성공과 행복의 길을 열어주고 있다.

특히 역주자는 지난 30여 년간 각고의 노력으로 인류 시원문명의 원전이자 한민족 신교문화의 경전인 『환단고기』 역주본을 출간하고, 전국 대도시와 세계 주요 도시를 순회하며 우리의 국통맥을 바로잡는 〈『환단고기』 북 콘서트〉를 통해 민족의 자긍심을 드높이고 있다.

환국, 배달, 조선 이래 민족의 모태종교인 신교神敎의 맥을 이은 증산도 진리의 대중화와 세계화를 위해 1998년 증산도 상생문화연구소를 개설하였고, 2007년 한韓문화 중심채널인 STB상생방송을 개국하여 민족문화 창달에 힘쓰고 있다.

역주자 안 경 전安耕田

| 머리말 |

〈『환단고기』 북 콘서트 독일편〉은 한여름 밤, 시원한 영화관에서 잘 구성된 웅장한 3막의 영화를 보는 듯할 것입니다. 3부로 구성된 틀을 통해 동양과 서양으로 나뉘기 이전의 문화, 인류의 공통된 뿌리문화를 전해줍니다. 마치 전 세계 유적지를 한 곳에서 만날 수 있는 '초대형 역사박물관'에서 인류 공통의 문화 코드를 통해 인류 정신사의 발자취와 문화 정신을 찾아가는 흥미로운 시간이 될 것입니다.

〈1부 성찰省察의 시간〉에서는 왜곡된 역사의 어두운 그림자를 살펴보고, 〈2부 각성覺醒의 시간〉에서는 생생한 역사현장으로 안내하는 듯한 영상과 사진을 통해 찬연히 빛나는 뿌리문화 시대의 참모습을 만나볼 것입니다. 그리고 〈3부 치유治癒의 시간〉에서는 진정한 근대의 출발점인 동학과 참동학의 가르침을 통해 다시 회복될 천지 광명의 역사를 그려줄 것입니다.

환기 9218년, 신시개천 5918년, 단군기원 4354년,

서기 2021년 9월

역주자 **안 경 전**安耕田

〈환단고기 북 콘서트〉 현장

본서는 증산도 안경전 종도사님이 2014년(道紀 144년) 9월 20일(陰 10월 8일), 독일 베를린 우라니아(Urania) 훔볼트홀에서 열린 〈『환단고기』 북 콘서트〉의 현장 강연을 기반으로 자료와 내용을 보강하였습니다.

주제 인류 창세역사와
시원문화를 밝히다

일자 2014년 9월 20일(일) 陰 10.8

장소 독일 베를린 우라니아(Urania)
훔볼트홀

주최 사)대한사랑, 세계환단학회,
사)겨레얼살리기국민운동본부

후원 STB상생방송,
재유럽한인총연합회,
재독한인총연합회, 베를린
한인회, 재외동포언론인협회,
유로저널, 독일교포신문,
독일우리신문, 함부르크
다물민족학교

목 차

桓檀古記
환단고기 북 콘서트
한민족과 인류의 창세역사와 시원문화를 밝히다

서론
잃어버린 동방 한민족의 시원역사와 원형문화를 찾아서

왜 동방의 시원 역사와 문화를 회복해야 하는가

결론은, 역사전쟁입니다. **오늘 말씀의 근본 주제는 역사전쟁, 역사 대전쟁**입니다.

동서 강대국의 정치, 경제, 문화, 이념의 갈등이 집중되어 있는 유일한 분단국가, 동북아의 한반도가 19세기 후반부터 지구촌 역사전쟁의 중심으로 자리매김을 해왔습니다. 이 한반도 분단 역사의 배경에는 지난 근대사 이후에 지속되어 온 동서 강대국간 갈등의 그 몇 가지 주요 과제가 변혁의 실제 손길로 작용하고 있습니다.

오늘 이 뜻깊은 자리에 함께 참여해주신, 지난 60년대 초 조국 한국이 가난에 허덕이던 때 지구촌 반대편 이 머나먼 독일에 광부로, 또는 간호사로 오셔서 사랑하는 가족과 조국의 번영을 위해 한 생애를 바치신 여러분들에게 고개 숙여 깊은 감사의 말씀을 올리고자 합니다. 이 자리에는 또 여러 나라에서 오신 형제자매분들이 계십니다. 멀리 미국에서 '내가 이 〈『환단고기』 북 콘서트〉에 꼭 한번 직접 참여해야겠다.' 하고 오신 여성 만화가 한 분을 이틀 전에 만났습니다. 또 한국에서 자녀를 데리고 '내 아들 딸들의 역사 교육을 위해 아무리 멀어도 독일을 직접 가 봐야겠다.' 하고 오신 분도 계십니다. 지난번 L.A에서도 어떤 여사장님이 아들 둘과 함께 〈『환단고기』 북 콘서트〉에 참여하신 적이 있었습니다. 이 모든 분들에게 깊은 감사의 말씀을 드립니다.

오늘 콘서트는 그간 국내외에서 했던 것보다 좀 더 실제적인 문제, '**왜 우리가 잊혀지고, 왜곡되고, 부정되고 있는 동방 시원 문화와 역사를 되찾아야 하는가**? 이것이 왜 오늘의 우리 삶에 그토록 소중한가?' 하는 것을 중심으로 이야기해 볼까 합니다.

지금까지 우리가 알고 있던 동서양의 문명에는 불교 문명, 유교 문명, 도교 문명, 이곳 서양문명의 근원인 기독교 문명, 중동의 이슬람 문명, 또 인도의 힌두교 문명 등이 있습니다. 그런데 이러한 문명권 이전인 7천 년 전, 동방의 시원 역사 문화가 있었습니다. 그러나 이것을 동방문화의 주인공이던 한국인은 물론, 서양사람들도 전혀 알지 못합니다.

그렇다면 동방의 시원역사와 영성문화의 원형을 되찾는 것에 어떤 과제가 숨어 있는가? 그 과제의 핵심은 **동방의 시원역사와 문화가 왜곡**된 한편, 19세기 후반 **동방 근대사의 실제 출발점이라 할 수 있는 동학이 왜곡되었다**는 데 있습니다. 동방의 고대 원형문화와 그것과 얽혀 있는 근대 동방문화의 주요 선언, 즉 동학의 선언 내용이 함께 왜곡됨으로써 오늘의 인류가 맞고 있는 현대 문명의 위기의 본질이 무엇인지, 이것을 심도 있게 총체적으로, 또 근원적으로 들여다볼 수 있는 지혜의 큰 눈을 잃어버리게 된 것입니다.

그래서 오늘은 좀 더 균형 잡힌 시각으로 **동방의 시원문화, 즉 원형문화를 밝히고, 근대를 연 동학의 왜곡된 선언을 바로잡고**

자 합니다. 그럼으로써 진정한 인류 문화 의식을 회복하고, 앞으로 문명의 새 역사를 여는 데 극복해야 할 가장 큰 과제가 무엇인지를 살펴보도록 하겠습니다. 이를 통해 오늘의 80억 인류 모두가 한 형제자매가 되어 위대한 새 역사와 문명의 비전을 볼 수 있는 지혜의 눈을 갖기를 소망하면서, 오늘 제가 강조하려는 한 가지 중대한 주제를 서두에서 먼저 말씀드릴까 합니다.

19세기 후반 근대사의 출발점에서 앞으로 지구촌 현대문명의 전환에 닥칠 가장 놀라운 과제로 선언된 것이 무엇인가? 바로 질병입니다. 인류 문명사의 가장 큰 변혁은 사실 전염병의 문제였습니다. 고대로부터 오늘에 이르기까지 천연두, 인플루엔자, 신종플루 등 수많은 질병이 창궐해 인류문명사를 바꾸어 왔습니다.

그런데 21세기를 사는 우리 인류가 극복해야 할 또 다른 중대한 문명 전환의 과제가 있습니다. 그것이 무엇인가? 바로 **시두時痘**, **천연두**입니다. **시두가 다시 지구촌에서 큰 문제를 일으킵니다. 현대문명의 중대한 생사 문제가 앞으로 일어나는 시두의 대발에 달려있다**는 것입니다.

그래서 오늘의 지구촌 형제자매가 9천 년 동서 인류 창세 문화를 통해 지혜의 눈을 떠서 시두를 극복할 수 있도록, 동방 영성 문화의 진리 열매 한 소식을 전해드리기 위해 〈『환단고기』 북콘서트〉를 구성하게 되었습니다.

오늘 콘서트의 세 가지 주제

오늘 말씀의 주제는 크게 세 가지로 잡아 봤습니다. **첫째는 성찰省察의 시간**으로, **역사 왜곡과 그 깊은 상처는 무엇인가** 하는 것이고, 둘째는 각성覺醒의 시간으로, 동방의 창세역사와 원형문화의 숭고하고 거대한 지혜의 내용은 무엇인가 하는 것입니다. 셋째는 치유治癒의 시간, 그리고 새로운 비전의 시간으로 오늘의 인류가 직면한 위기를 제대로 성찰하고, 이것을 극복할 수 있는 지혜로운 길, 진정한 생명의 한 소식을 전하려는 것입니다. 즉, 동방문화의 주역이던 한민족의 시원역사와 한국인 본래의 종교, 한국인이 9천 년 동안 실천해 온 영성문화의 실체를 밝히고, 그 핵심을 다시 한번 정리하면서 말씀을 마무리 짓기로 하겠습니다.

오늘 동방의 잃어버린 창세역사와 원형문화를 되찾는 〈독일

독일 노이에스박물관(베를린)
독일 페르가몬박물관(베를린)

『환단고기』 북 콘서트〉에서는 독일의 노이에스Neues 박물관과 페르가몬Pergamon 박물관을 비롯하여 영국, 프랑스, 오스트리아, 헝가리 등 여러 나라의 박물관과 그동안 지구촌 동서양의 역사 문화 현장을 직접 답사하면서 촬영한 사진과 영상물을 함께 보면서 진행하려 합니다. 이를 통해 '이것이 동방의 문화와 역사, 영성 문화의 참모습이구나!' 하고 깨닫는 시간이 될 것입니다. 우리가 한국인이기 때문에 내 조국, 한국의 문화와 역사, 영성 문화, 원형종교의 참모습을 제대로 아는 것이 진정한 한국인으로서 삶을 사는 것이라 생각합니다.

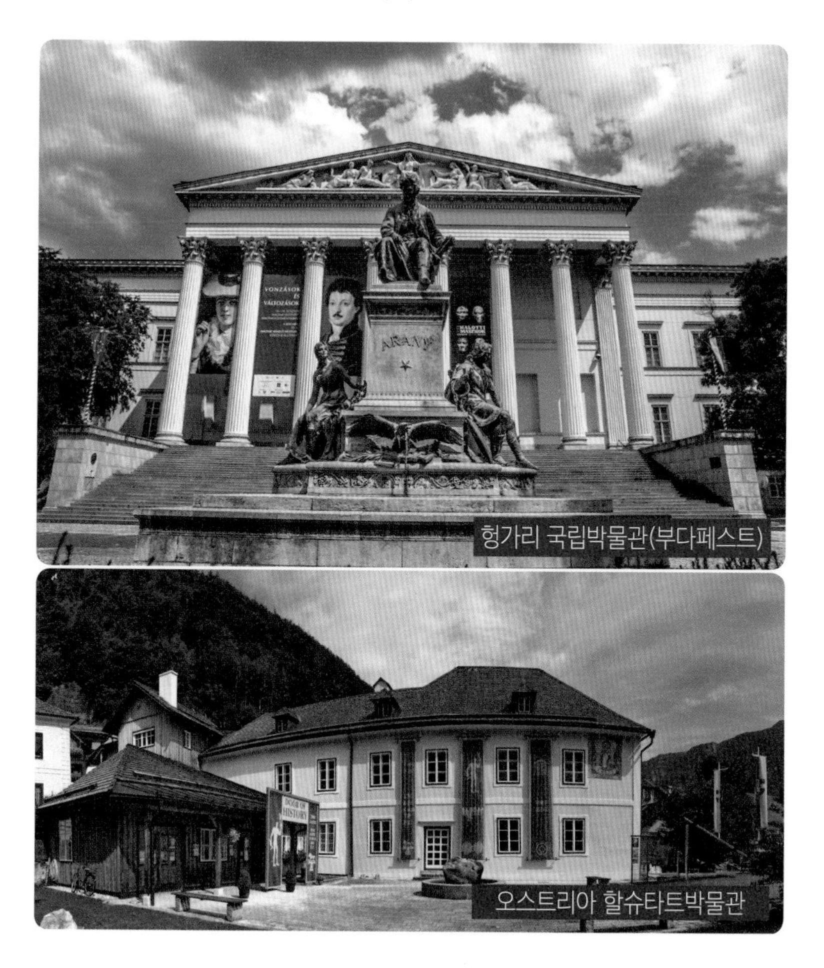

헝가리 국립박물관(부다페스트)

오스트리아 할슈타트박물관

독일 베를린 우라니아(Urania) 훔볼트홀에서 열린
〈『환단고기』 북콘서트〉 중에서

제1부

성찰의 시간

동방의 잃어버린 역사 문화를 찾는 상징 언어, 웅상雄常

1부 성찰의 시간에는 '동방의 시원역사와 문화가 얼마나 왜곡이 됐는가? 그 진실은 무엇인가? 그리고 그 역사 왜곡의 깊은 상처가 지금 우리의 가슴 속에 어떻게 남아 있는가?'를 살펴보겠습니다.

이른 새벽에 이 문제를 곰곰이 생각해 봤습니다. 동방의 잃어버린 역사 문화를 찾는 상징적인 언어로서 동방 역사와 문화의 실제 창조자를 부르는 두 글자가 있습니다. 바로 이것을 통해 동방 역사 문화의 비밀을 전해야겠다고 생각했습니다.

그 상징 언어가 중국 문헌인 『산해경山海經』에 나옵니다. 거기에 보면 '숙신肅愼의 나라는 백민국白民國의 북쪽에 있는데, 그곳에는 웅상雄常이라 불리는 나무가 있다.'는 말이 있습니다.

숙 신 지 국 재 백 민 북 유 수 명 왈 웅 상
肅愼之國在白民北. 有樹名曰雄常.

숙신의 나라는 백민국의 북쪽에 있는데 그곳에 웅상雄常이라는 나무가 있다. (『산해경山海經』)

웅상! 이 속에 동방의 역사 문화를 찾는 비밀이 다 들어 있습니다.

웅상雄常이란 무엇일까요? 얼핏 보면 영웅 웅雄 자, 항상 상常 자로 '영웅은 살아 있다.', '영웅은 영원하다.'는 뜻인 것 같지만, 그런 뜻이 아닙니다. 웅상은 '**환웅천황께서 항상 우리와 함께하신다.**'는 의미입니다.

단군왕검이 조선을 건국하기 이전에 있었던 **한민족의 나라 이름이 배달**입니다. 그래서 우리 한민족을 배달의 민족이라고 하는 것입니다. 6천 년 전, 동방 땅에 배달국을 건국하신 분, 오늘의 한국을 세우신 **최초의 건국자가 환웅**입니다. 한민족 문화의 근원이시며 문명의 시조 환웅천황께서 홍익인간, 우주광명문화의 심법, 10월 3일 개천절 문화를 여셨습니다. 이 **환웅천황의 웅雄 자와 항상 상常 자를 써서 웅상雄常**이라 하는 것입니다.

환웅천황桓雄天皇

한민족은 거대한 경외심을 유발하는 거룩한 성산聖山이 있으면 그것을 **산상山像**, **'환웅님이 임재하시는 산'**이라 하였고, 거대한 나무가 있으면 **신단수神檀樹**로 삼아 웅상으로 모셨습니다. 한국의 오랜 역사와 전통을 기록한 **『환단고기桓檀古記』**라는 사서를 보면 우리 한민족에게는 **수천 년 전부터 산상과 웅상의 풍속이 전해 내려왔다**는 기록이 있습니다.

산상　웅상　개기유법야
山像과 雄常이 皆其遺法也라.

산상山像과 웅상雄常은 모두 이러한 풍속으로 전해 오는 전통이다. (『태백일사』「삼신오제본기」)

웅상은, '환웅천황은 항상 우리와 함께 하신다.'는 뜻입니다. 우리 한민족이 행복감을 느낄 수 있는 역사의 명언입니다. 환웅은 언제나 우리와 함께 하신다!

일본에 가보면 실제 환웅천황을 모시는 신사가 있습니다. 저 큐슈九州 후쿠오카현의 히코산(日子山, 지금의 英彦山) 신궁에 환웅상이 있습니다.

일본 큐슈 후쿠오카현 히코산英彦山 신궁

히코산 신궁의 환웅상

동방에는 불교가 들어오기 이전에 불상처럼 옛 어른을 모시는 문화가 있었습니다. 몽골이나 시베리아에도 산을 넘을 때 우리 한국의 서낭당처럼 돌을 쌓아놓고 세 바퀴를 돌면서 기도를 드립니다. '나는 신을 잃어버렸는가? 나는 지금 신과 한마음으로 살고 있는가?'라고 자문하고 기도하면서 고개를 넘어갑니다.

오워Ovoo(몽골). 돌을 얹고 소원을 비는 한국의 서낭당과 같다.

인류 창세 역사 문화의 성지라고 하는 바이칼호, 그 북쪽 호숫가에 샤머니즘의 고향 알혼섬이 있습니다. 그 알혼섬에 샤먼 바위인 부르한burkhan 바위가 있는데, 부르한 바위가 내려다보이는 언덕 위에 세르게Serge라는 열세 개의 큰 나무기둥을 세워 놓았습니다.

알혼섬 부르한 바위

사진에서 보듯이 기둥에 형형색색의 리본을 감아 놓았는데요. 이게 바로 신단수의 변형이라 할 수 있습니다.

세르게(바이칼호 샤먼바위 근처)
형형색색의 리본이 묶인 13개의 나무기둥

이집트의 피라미드를 보면 그 앞에 오벨리스크Obelisk라고 하는 두 개의 기둥을 세워 놓았습니다. 이것도 신단수의 변형이라고 서양 학자들은 해석하고 있습니다.

일본에는 모든 신사가 숲속의 거대한 고목 나무를 중심으로 세워져 있습니다. 예수, 부처, 마리아상처럼 종교에는 **성상聖像을 모시는 문화**가 있는데 몽골의 오워Ovoo나 세르게와 같은 **솟대 문화와 성상 문화의 근원이 바로 웅상**입니다.

'신들의 빛'이라 불리는 오벨리스크도 신단수의 변형

일본 신사의 수백 년 된 신목

제가 베를린에 있는 페르가몬Pergamon 박물관에 갔을 때 현장에서 크게 충격을 받은 적이 있습니다. 박물관 문을 들어가서 보면 이슈타르Ishtar 문이 있는데, 유명한 독일의 학자가 바빌론의 천상의 정원, 하늘 정원에서 뜯어온 것입니다. 이슈타르 문은 바빌로니아의 행렬의 거리에서 도시 안으로 들어가는 북쪽 관문으로, 높이 14m, 폭 30m에 이르는 웅장하고도 아름다운 문입니다. 풍요와 다산의 여신인 이슈타르의 이름을 따서 지었다고 하는데요. 가서 보면 한마디로 걸작입니다.

박물관 1층에, 동방 원형문화의 숨결을 느낄 수 있는 문양이 너무도 섬세하게 조각된 유물이 있습니다. BCE 2세기 무렵, 그리스의 도시국가인 밀레투스의 유적지에서 가져온 석조 기둥인데요. 좀 더 자세히 보려고 단을 올라가 상부에 조각된 것을 보니, 위에 태양 같은 둥근 원이 있고 바로 아래에 직사각형이 수직으로 있고 그 아래에 할아버지가 계시는 겁니다. 더 놀라운 것은 그 상像과 똑같은 것이 옆에 한 면이 또 있고 반대편에 한 면이 더 있습니다. 3수로 돼 있는 것입니다.

이슈타르문 (독일 페르가몬박물관)
바빌로니아 여신 이슈타르의 이름을 딴 바빌론 북방의 시문市門

삼각기념비 tripod monument 그리스 밀레토스 발굴(CE 200년) 독일 페르가몬박물관 소장. 세 명의 얼굴 부조상은 삼수三數문화를 보여준다.

부조상에 있는 흰 수염을 한 노인이 누구인지는 다양한 해석이 가능하겠지만, 그 문화의 원형은 6천 년 전, 인류 최초의 문명권에서 동방으로 오신 환웅입니다. 환웅 천황을 모신 웅상! **웅상에 담긴 의미는 '우리가 언제나 환웅을 잊지 말아야 한다.'**는 것입니다.

『삼국유사』「고조선」에 기록된 한국 역사와 문화의 출발점

자, 이제 한민족이 가지고 있는 사서를 통해 **'동방문화의 본래 주인공 한국의 창세 역사와 시원 문화는 어디서부터 시작된 것인가?'** 이것을 살펴보기로 하겠습니다.

일본 제국주의자들은 강화도 불평등조약 이후로 한민족 8백만 명을 학살하고, 한국의 문화와 역사가 담긴 20만 권의 서적을 강탈하여 남산에서 불태워 버렸습니다.

그리고 이 책 한 권을 남겨 놓았습니다. 바로 『삼국사기』와 짝이 되는 『삼국유사』입니다. 『삼국유사』는 강단사학자들이 가장 소중히 여기는 사서의 하나입니다.

승려 일연은 **『삼국유사』**의 첫 장 **「고조선」**에 **인류의 창세 역사와 한민족의 시원 역사문화를 기술**해 놓았습니다. 그런데 **결과적으로는 이로 인해 인류의 첫 국가였던 한민족의 시원역사 시대가 왜곡되고 부정되어 완전히 뿌리 뽑히게 되었습니다.** 한민족은 물론 인류 창세 역사문화의 고향 고조선의 역사가 완전히 뿌리 뽑힌 것도 바로 여기에서입니다. 그러한 이유로 『삼국유사』「고조선」은 한민족을 포함한 80억 인류에게 매우 중요한 기록입니다.

삼국유사

그러면 『삼국유사』 「고조선」에 실린 인류 역사상 최초의 나라, 너와 나, 동양과 서양, 지구촌 모든 나라, 모든 민족의 역사 고향에 대한 기록으로 잠시 들어가 보겠습니다. 여기에서 동방에 오신 '항상 함께하시는 환웅 천황님'이 신시 배달을 건국한 사실을 어떻게 부정하고 왜곡하여 완전한 신화 이야기로 역사 뿌리를 제거하였는지 그 원본을 살펴보기로 하겠습니다.

삼국유사三國遺事 **고조선**古朝鮮(**왕검조선**王儉朝鮮)

위서 운 내왕이천재 유단군왕검 입도아사달
魏書에 云 乃往二千載에 有壇君王儉이 立都阿斯達하시고
개국 호조선 여고동시
開國 號朝鮮하시니 與高同時니라

위서에 이르기를 지난 2천 년 전에 단군왕검께서 도읍을 아사달에 정하시고 나라를 세워 이름을 조선이라 하시니, 요임금과 같은 시대라 하였다.

국가 존망의 위기에서 자주 의식을 고취하기 위해서 일연 스님이 『삼국유사』를 기록했다.

일연 一然[1206~1289]

고기 운 석유환국 서자환웅 삭의천하
古記에 云 昔有桓国하니 庶子桓雄이 數意天下하야
탐구인세
貪求人世어늘

고기에 이렇게 말했다. 옛적에 환국이 있었다. 서자부의 환웅이 평소 천하에 뜻을 두고 인간 세상을 구하고자 하거늘

부지자의 하시삼위태백 가이홍익인간
父知子意하고 下視三危太伯하니 可以弘益人間이라

환국을 다스리시는 아버지 환인께서 아들의 이런 뜻을 아시고 아래로 삼위산과 태백산을 내려다보니 홍익인간이 되게 할 만한 곳인지라.

내수천부인삼개 견왕이지
乃授天符印三箇하사 遣往理之하시니라

이에 아들에게 천부경과 인 세 개를 주어 그 곳으로 보내 다스리게 하셨다.

웅 솔도삼천 강어태백산정신단수하
雄이 率徒三千하사 降於太伯山頂神壇樹下하시니
위지신시 시위환웅천왕야
謂之神市요 是謂桓雄天王也시니라

이에 환웅이 무리(삼랑) 3천 명을 거느리고 태백산 꼭대기 신단수 아래에 내려오시어 이를 신시라 이르시니, 이분이 바로 환웅천황이시다.

장풍백우사운사 이주곡주명주병주형주선악
將風伯雨師雲師 而主穀主命主病主刑主善惡하사
범주인간삼백육십여사 재세이화
凡主人間三百六十餘事하사 在世理化시니라

환웅께서 풍백·우사·운사와 주곡·주명·주병·주형·주선악을 거느리시어 인간 세상의 360여 가지 일을 주관하시고, 세상을 신교의 진리로 다스려 교화하셨다.

시 유일웅일호 동혈이거 상기우신웅
時에 有一熊一虎가 同穴而居러니 常祈于神雄하야
원화위인
願化爲人이어늘

이때 웅족과 호족이 같은 굴에 살았는데, 늘 삼신 상제님과 환웅님께 교화를 받아 천왕의 백성이 되게 해달라고 빌었다.

시 신유 영애일주 산이십매
時에 神遺 靈艾一炷와 蒜二十枚하시고
왈 이배식지 불견일광백일 변득인형
曰「爾輩食之하라 不見日光百日이라야 便得人形이리라」

이에 환웅께서 삼신이 내려주신 비법으로 쑥 한 묶음과 마늘 스무 매를 영험하게 만드시고 내려주시며 이르시기를, "너희들은 이것을 먹으면서 100일 동안 햇빛을 보지 않아야 천왕의 백성 자격을 얻게 될 것이니라." 하셨다.

웅호득이식지 기삼칠일 웅득여신
熊虎得而食之러니 忌三七日에 熊得女身이나
호불능기 이부득인신
虎不能忌하야 而不得人身이라

웅족과 호족이 쑥과 마늘을 받아먹으면서 삼칠일 동안을 삼감에 웅족 여왕은 그 지위를 인정받았으나, 호족 왕은 금기를 지키지 못하여 그 지위를 인정받지 못하였다.

웅녀자 무여위혼 고 매어단수하 주원유잉
熊女者 無與爲婚 故로 每於壇樹下에 呪願有孕이어늘
웅내가화이혼지 잉생자
雄乃假化而婚之하사 孕生子하시니라

웅족 여왕은 혼인할 곳이 없으므로 늘 신단수 아래에 와서 아이를 갖게 해달라고 빌었다. 이에 환웅께서 크게 포용하여 웅족 여왕과 혼인해 아들을 낳으시니 이름을 단군왕검이라 하였다.

'일웅일호'의 잘못된 해석

『삼국유사』를 쓴 일연 스님은, 고려가 몽골의 지배를 받던 당시 민족의 자주 의식을 고취하기 위해 고조선의 역사를 기록했습니다.

그런데 이분은 『환단고기』 「삼성기」와 같은 옛 문서들을 접하지 못한 것 같습니다. 불교에 경도되어 『삼국유사』를 썼습니다. 그래서 기록에 한계가 있습니다.

여기 보면 환웅천황이 3천 명의 무리를 데리고 동방으로 왔다고 했습니다. 일가 다섯 명씩만 해도 실제 숫자는 한 2만 명 군단이 온 것입니다.

'강어태백산정신단수하降於太伯山頂神壇樹下 위지신시謂之神市 시위환웅천왕야是謂桓雄天王也. 백두산 꼭대기 신단수 아래에 내려와서 신시라는 나라를 세웠는데 이분이 환웅천왕이시다.'

그리고 '시유일웅일호時有一熊一虎 동혈이거同穴而居 상기우신웅常祈于神雄 원화위인願化爲人'이라고 했습니다. 나라를 세울 때 웅족과 호족이 와서 '저희에게 환국의 우주 광명문화, 생활문화를 전수해 주옵소서!'라고 기도하는 내용입니다. 그리하여 환웅천황께서 쑥과 마늘을 주시며, '굴속에 들어가 천지에 제를 올리고 이것을 먹으며 백일 동안 집중 수행을 하라. 그러면 마침내 천왕의 백성자격을 얻게 되리라.' 하시고 수행을 시킨 것입니다. 쑥과 마늘은 본래 한방에서 몸을 덥히고 냉을 다스리는 약으로 쓰이는데요, 주로 마魔를 물리치는 공부를 하는 사람들이 먹었습니다.

불견일광백일　　변득인형
不見日光百日이면 **便得人形**하리라

햇빛을 보지 말고 100일 동안 기원하라. 그리하면 천왕의 백성 자격을 얻게 될 것이니라. (『삼국유사』「고조선」)

기삼칠일
忌三七日

21일 동안을 삼감에 (21일 동안 천지에 제사를 지내며 수행을 함에) (『삼국유사』「고조선」)

그런데 이것을 문자 그대로 '한 마리 곰과 한 마리 호랑이가 찾아와서 짐승의 탈을 벗고 사람이 되게 해 주소서!'라고 기도했다는 것입니다. 이런 무지한 해석을 하는 사람은 아마 지구촌에서 대한민국 국민밖에 없을 것입니다.

'곰과 호랑이가 환웅에게 찾아와 사람이 되게 해 달라고 빌었다'는 해석은 왜곡된 해석

베를린의 상징, 곰(der Bär)

바로 이곳 베를린이라는 이름은 베어Bär, 즉 곰이라는 뜻입니다. 그러면 베를린 시민들이 곰입니까? 그 조상이 곰인가요? 그것이 아니라 이것은 토템입니다.

시베리아 동쪽에서 유럽으로 이동해 온 북방 유목민 가운데 돌궐족, 즉 투르크족이 있습니다. 이들은 터키인의 조상으로, 오스만제국 때에 이르러 동로마 비잔틴 제국을 멸망시켰습니다. 이 터키인의 조상 돌궐족이 머리에 늑대 탈을 쓰고 다녔습니다. 그게 토템입니다. 돌궐족이 늑대가 아니지 않습니까?

부족이 하늘에서 영을 받아 자기들을 돌봐주고 더불어 사는 보호신적 존재로 동물을 토템으로 삼은 것인데, 한 마리 곰과 한 마리 호랑이가 와서 사람이 되게 해 달라고 했다고 대한민국 초중고등학교와 대학교의 역사 교과서가 『삼국유사』 원본을 인용하면서 그렇게 해석하고 있습니다.

초등「사회」

22쪽, 곰과 호랑이가 환웅에게 찾아와 사람이 되게 해 달라고 빌었다.

그러던 어느 날 곰과 호랑이가 환웅에게 찾아와 사람이 되게 해 달라고 빌었다. 환웅은 곰과 호랑이에게 쑥과 마늘을 주며 이렇게 말했다.

"이 쑥과 마늘을 먹고 백 일 동안 햇빛을 보지 않도록 하여라. 그러면 사람이 될 것이다."

곰과 호랑이는 기뻐하며 쑥과 마늘을 가지고 어두운 동굴로 들어갔다. 동굴에서 쑥과 마늘만 먹으면서 견디는 것은 쉽지 않은 일이었다. 결국 호랑이는 참지 못하고 뛰쳐나가고 말았다. 하지만 곰은 잘 참아 내어 삼칠일(21일) 만에 여인이 되었다.

환웅은 이 여인을 아내로 맞이하여 아들을 낳았는데, 이분이 단군왕검이다. 단군왕검은 아사달을 도읍으로 하여 나라를 세우고 나라 이름을 조선이라 하였다.

-《삼국유사》 중에서 -

중학「역사」

35쪽, 곰은 여자의 몸이 되었으나...

역사 자료 읽기 **단군 신화**

옛날 하늘나라의 왕 환인의 아들 환웅이란 이가 있어 자주 천하에 뜻을 두면서 인간 세상을 몹시 바라고 있었다. 그 아버지가 아들의 뜻을 알고 지상 세계를 두루 내려다보니 인간들에게 커다란 이익을 줄 만하므로, 이에 천부인 세 개를 주어 내려 보내어 다스리게 하였다. 환웅이 3천여 명의 무리를 거느리고 태백산 꼭대기 신단수 아래에 내려와 그곳을 신시라 이름하고, 자신을 환웅천왕이라 하였다. 그리고 바람과 비와 구름을 관장하는 자들을 거느려 곡식과 생명, 병과 형벌, 선과 악을 맡게 하고, 무릇 인간 세상의 360여 가지 일들을 주관하여 살면서 세상을 다스리고 교화하였다. 때마침 곰 한 마리와 호랑이 한 마리가 같은 굴에 살면서, 환웅에게 늘 사람으로 변하도록 해 달라고 빌었다. 이때 환웅은 영험이 있는 쑥 한 타래와 마늘 스무 개를 주면서 말하기를, "너희가 이것을 먹고 100일 동안 햇빛을 보지 않으면 사람이 될 수 있을 것이다."라고 하였다. 곰과 호랑이는 이것을 얻어먹고 21일 동안 조심하여 곰은 여자의 몸이 되었으나, 호랑이는 조심하지 못하여 사람이 되지 못하였다. 곰 여인은 혼인할 자리가 없었으므로 매번 신단수 아래에서 아이를 갖게 해 달라고 빌었다. 환웅이 이에 잠시 사람으로 변해서 그녀와 혼인하여 아들을 낳으니, 이름을 단군왕검이라 하였다. 단군왕검은 중국의 요 임금이 왕위에 오른 지 50년이 되는 경인년에 평양성에 도읍하고, 비로소 조선이라 일컬었다.

- '삼국유사' -

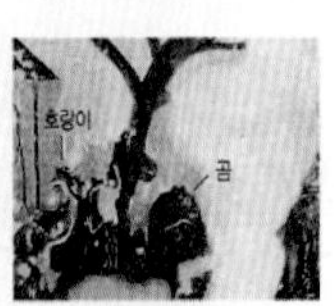

고구려 각저총의 벽화에 보이는 곰과 호랑이 고구려 고분인 각저총의 그림에서 씨름하는 사람 옆의 나무 밑에 곰과 호랑이의 모습이 그려져 있다. 고구려에도 곰과 호랑이를 숭배하는 신앙이 계승되었음을 알 수 있다.

1. 단군 신화에서 고조선이 농업 사회를 기반으로 건국되었음을 나타내 주는 내용을 찾아보자.
2. 단군 신화에 등장하는 곰과 호랑이를 통해 알 수 있는 사실은?
3. 고조선 지배자의 칭호인 '단군왕검'을 통해 알 수 있는 사실은?

07 우리나라 최초의 국가 고조선 35

2 고조선의 건국과 여러 나라의 성립

| 생각 열기 | "남을 죽인 자는 곧바로 사형에 처한다. / 남에게 상처를 입힌 자는 곡식으로 배상한다. / 도둑질한 자는 그 집의 노비로 삼는다."《8조법》 최초의 국가 고조선은 어떠한 나라였을까?

고조선의 건국과 발전

청동기 문화와 농경 사회를 배경으로 만주와 한반도 서북부 지역에서 고조선이 건국되었다. 단군 이야기에 따르면, 천신 환인의 아들 환웅이 비와 구름, 바람을 주관하는 관리와 무리 3천을 이끌고 태백산 신단수 아래에 내려와 신시를 세우고, 곰이 변한 여자와 혼인하여 단군을 낳았으며, 단군이 고조선을 건국하였다고 한다.

고등「한국사」

환웅이 … 곰이 변한 여자와 혼인하여 단군을 낳았으며

그런데 『삼국유사』「고조선」을 가만히 보면, 인류 창세의 첫 나라 환국에 '아버지 문화'가 있었다는 것을 알 수 있습니다.

'서자환웅庶子桓雄 삭의천하數意天下 탐구인세貪求人世 부지자의父知子意 하시삼위태백下視三危太伯 가이홍익인간可以弘益人間.'

환웅은 환국의 우주 광명문화의 정신, 심법을 계승한 장자長子로서 동방으로 온 것입니다. 『환단고기』「삼성기」에서도 알타이산(금악산)과 중국에 있는 삼위산, 동방의 태백산(백두산) 가운데 태백산이 홍익인간*이 되기에 가장 적지適地다 해서 이곳으로 왔다고 합니다.

홍익인간弘益人間
삼신 상제님의 꿈과 대이상을 성취하는 인간

지구촌 역사 교과서의 한국사 왜곡

『삼국유사』「고조선」은 인류 역사의 고향인 환국에 대해 그리고 동방 한민족의 뿌리 국가인 배달과 조선에 대한 기록을 남겨 놓았습니다. 그러나 이 기록은 동시에 **일본 제국주의자들이 동방 한민족사를 왜곡·날조하고 부정하는 빌미를 제공**하였습니다.

『삼국유사』「고조선」은 환국·배달·조선의 7천 년 왕조사를 환인, 환웅, 단군의 3대 가족사로 왜곡하고 '위제석야謂帝釋也'라는 주석을 붙여 환국을 불교 신화 속의 나라로 전락시켰습니다. 그리고 웅족과 호족을 '일웅일호一熊一虎'라고 기록하여 한 마리 곰과 호랑이로 해석되게 하고 초대 단군의 수명이 1,908세라 기록하여 고조선 역시 신화로 전락하게 했습니다. 일본 제국주의자들은 이 『삼국유사』「고조선」을 근거로 '**환국, 배달, 조선의 삼성조 역사는 믿을 수 있는 국가 성립사가 아니다.'라고 하며 우리의 시원 역사를 송두리째 부정**하였습니다.

조선사편수회에 참여했던 조선인 식민사학자 이병도 박사 이후, 2세대 3세대 식민사학자들이 대한민국의 어린이와 청소년들에게 식민주의 역사관을 가르치고, 그 교육을 받은 대한의 아들딸들이 대학에 가서 다시 식민역사학자가 되는 악순환이 지속돼 왔습니다. 그러면서 지구촌의 모든 한국사 교과서가 왜곡되는 결과를 낳았습니다.

그렇다면 지구촌 여러 나라에서 교육하고 있는 우리 한국사 교과서의 왜곡 실태를 한 번 보겠습니다. 과연 어떻게 돼 있을까요?

먼저 미국 교과서인데요. 한강 유역까지 한漢 나라의 영토로 표시가 되어 있습니다. 한반도 절반까지 한 나라 땅이라는 것입니다. 그리고 고려 시대를 보면, 고려의 전 영토가 원나라의 식민지로 표시가 되어 있습니다. 서양이나 동양의 교과서가 똑같이 '한국은 한漢 나라의 반半 식민지, 또는 원나라의 완전한 식민지로 살았다.'라고 기록을 해놓은 것입니다. 한 마디로 100% 거짓말 역사입니다.

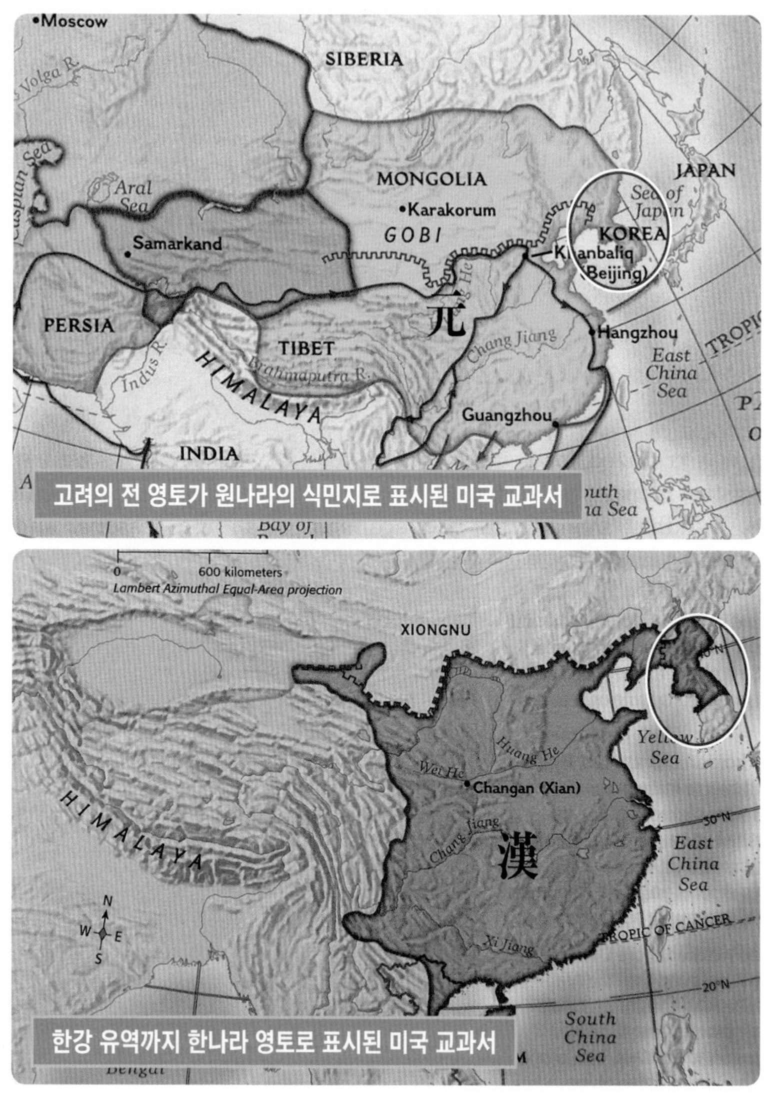

『세계사 World History』(글렌코 맥그로 힐 출판, 2004)

영국의 교과서를 보면 2,200년 전, 진秦 나라 때 우리 한반도 땅의 절반이 진나라 영토로 표시되어 있습니다. 중국은 남북이 통일되면 한강 이북은 중국 땅이라고 얼토당토않은 주장을 합니다! 이것이 중국 정부에서 역사학자들을 동원하여 수년간 진행해온 소위 **동북공정東北工程**입니다.

지금 대한민국의 주변에 있는 대만, 일본, 중국은 물론 미국, 프랑스, 독일 등 모든 지구촌 역사 교과서가 **일제 식민사학자들이 부정하고 왜곡시켜 놓은 한국의 역사를 아무 비판 없이 그대로 받아들여서 역사의 진실인 것처럼 가르치고 있습니다.** 게다가 **한국인의 정서 속에는 조국의 역사와 고유문화 정신을 우습게 아는 무서운 독버섯이 깊숙이 뿌리박혀서 체질화되어 있습니다.**

『Complete History Of The World』(89쪽, 2009)

『환단고기』의 가치

『환단고기』는 환국, 배달, 단군조선(소위 고조선)의 시원 문화 역사 기록을 담고 있는 소중한 역사서입니다. 신라 시대부터 천 년에 걸쳐서 다섯 분이 쓴 사서들을 계연수 선생이 모아서 『환단고기』에 실어놓았습니다. 조선왕조가 망한 다음 해인 1911년, '이제 다 함께 이 책을 읽을 수 있는 때를 맞이했다.' 해서 초간본이 나온 것입니다.

다섯 분이 천 년 세월 속에서 쓴 다섯 종의 사서

구분	삼성기 상	삼성기 하	단군세기	북부여기	태백일사
저자	신라 안함로	고려 원동중	고려말 이암	고려말 범장	조선 중기 이맥 (1455~1528)
소장자	계연수 (1864~1920)	백관묵 (1804~?)	백관묵 이형식	이형식 (1796~?)	이기 (1848~1909)

그럼 『환단고기』는 어떤 책인가?

첫째, **『환단고기』는 서양문명의 근원과 동북아 한·중·일을 건국한 시조始祖를 밝혀 줍니다**. 뿐만 아니라 **수학, 천문학, 과학, 철학, 종교, 언어, 인류 생활문화 원형의 실상을 보여 주고 있습니다**. 한마디로 『환단고기』는 우주 사상의 원전元典입니다. 지구촌에 있는 모든 역사, 종교, 문화 원전 가운데 **유일한 인류 창세 역사와 원형문화의 원전**입니다.

『환단고기』의 핵심 가르침, 삼일심법三一心法

『환단고기』의 핵심과 기본이 되는 주요 내용을 간단히 정리해 보겠습니다.

『환단고기』는 환국, 배달, 조선의 삼성조 시대 이야기를 출발점으로 합니다. 그리고 『환단고기』는 인간 마음의 구성 원리, 즉 인간이란 무엇인가, 너는 누구인가, 나는 누구인가에 대한 해답을 풀어 줍니다. 인간의 마음을 기성종교처럼 그냥 한마음이라고 말하지 않습니다. 아주 특이하게 인류 원형문화 언어로 **'삼일심법三一心法'**이라고 합니다.

그러면 '삼일심법'이 무엇일까요? '삼일三一'은 '삼신일체三神一體 상제님'을 가리킵니다. 따라서 **'삼일심법'은 '삼신일체상제님의 도법'**입니다.

『환단고기』의 서문에는 '환국, 배달과 단군조선으로 전해 내려온 삼일심법이 진실로 이 책에 들어 있다.'고 했습니다. 환국·배달·조선 문명 정신의 핵이요, 혼으로서 하늘과 땅과 인간이 일체가 되어 열리는 우주 광명 사상이 삼일심법입니다. 동방의 우주 광명문화에서 주장하는 인간 마음의 도, 삼일심법을 알 때 유불선 세계 종교가 생기기 이전의 인류 원형문화와 동방 영성문화의 지혜를 온전히 회복할 수 있습니다.

다시 말해 '인간은 **인류 원형문화 시대인 환국과 배달, 조선의 7천 년 역사문화의 정신에 눈뜰 때 인간 마음의 원형, 인간의 진정한 본모습을 회복할 수 있다!** 환국, 배달, 조선 삼성조 시대의 역사 문화 정신을 되찾을 때 우리는 본래의 참마음, 원 마인드 One mind를 갖게 된다!'는 것입니다.

제2부

각성의 시간

환국·배달·조선·수메르 문명

동양과 서양은 구분할 수 없다

이제 제2부 각성의 시간으로 들어가서, 환국, 배달, 조선의 역사와 한국뿐만 아니라 지구촌 전역에 있는 문화 유적지, 또는 박물관에서 실제 환국, 배달, 단군조선 시대의 역사 유물을 어떻게 보관하고 전시하고 있는지 간단히 정리해 드릴까 합니다.

먼저 우리의 관념을 깨는 한마디를 강조하고 싶습니다. 호주 시드니 대학의 김현진 교수가 훈족에 대한 멋진 책을 하나 썼는데, 그는 결론에서 "**동양과 서양으로 나누는 것은 지식인들의 허구적인 가면이다!**"라고 했습니다. 그리고 또 유럽과 아시아를 분리하는 것은 삐뚤어진 '이념적 환상(ideological illusion)'의 무의미한 행동이다."라는 표현을 쓰고 있습니다. 무의미한 짓이다, 동과 서를 나눌 수 없다는 것입니다!

> 동양과 서양으로 나누는 것은 지식인들의 허구적인 가면이다. - 김현진 교수[호주 시드니대학]

To divide Europe and Asia is, … a pointless exercise in tortuous, ideological illusions.
유럽과 아시아를 분리하는 것은 비뚤어진 이념적 환상의 무의미한 행동이다.
(Hyun Jin Kim, The Huns, Rome and the Birth of Europe, 158쪽)

2천여 년 전부터 유라시아 대륙의 유목문화가 유럽에 들어왔습니다. 유럽의 많은 나라들, 특히 **동유럽과 중부유럽의 많은 나라가 동양 유목문화의 영향을 받았습니다.** 헝가리, 오스트레일리아, 독일에 있는 박물관 어디를 가더라도 눈으로 직접 확인할 수 있습니다. 유라시아 대륙을 가로지르는 스텝steppe 지대를 따라 동서양의 여러 부족과 인종들이 오갔던 것입니다. 동양과 서양을 인종이나 지리학, 또는 문화, 종교 가르침의 특성으로 구분할 수는 있지만, 실제 인간 삶의 본질 문제를 가지고 구분할 수는 없다는 것입니다. 이건 정말로 놀라운, 성숙한 대가의 지적이라 볼 수 있습니다.

환桓·단檀·한韓의 의미

먼저 동서 인류가 함께 살던 역사의 고향, 역사의 조국인 환국에 대해 살펴보겠습니다. 환국桓國이라는 나라 이름이 나타내는 것은, 대자연의 본성, 인간 마음의 본성, 우주의 신의 본성, 만물의 본성, **살아 있는 만유 생명의 본성은 단 한 글자, 바로 '밝을 환桓'**이라는 것입니다. 이 본성이 얼마나 밝은가 하면, 온 우주를 비추고 있습니다. 그래서 이것을 **하늘 광명, 천상광명 환桓**이라 합니다.

그리고 **하늘의 광명과 생명의 유전자를 받아서 하늘 아버지의 뜻을 이뤄나가는 어머니 지구의 광명을 '단檀'**이라 합니다. 그러니 '환단'은 '천지 광명, 우주 광명'이고, **『환단고기』**란 '**천지 광명을 체험하고 살았던 한민족과 인류 조상들의 창세 시대 역사 이야기, 문화 창조의 이야기**'입니다. 이를 알면 『환단고기』의 대의를 알게 되고, 9천 년 역사 문화 여정을 향해 나아갈 수 있는 것입니다.

환국·배달·조선은 인류 원형문화 시대입니다. 사람 몸의 유전자처럼 문화에도 원형문화의 유전자가 있습니다. 이것은 천 년, 만 년이 지나도 근본이 바뀌는 게 아닙니다.

그때는 **인간이 우주의 광명을 체험하면서 살았습니다.** 삶의 목적은 단순하지만 가장 근원적인 삶이었어요. **영원한 생명의 가치는 광명, 빛에 있습니다. 그래서 『환단고기』는 다시 말해 우주 광명문화의 원전입니다.** 그 시대 사람들은 광명을 체험하고 살았기 때문에 마음속의 세속적인 욕망, 투쟁, 갈등이 없었습니다.

영국 학자 스티븐 테일러는 『타락』이라고 하는 책에서 "동서양 어디를 가봐도 6천 년 전의 무덤에서는 전쟁 도구가 나오지 않는다."고 했습니다. 여러 형태의 부장품이 출토되었는데 그중에 전쟁 무기는 어디에도 없더라는 것입니다. 당시 인류는 자연과 하나 되어 조화harmony를 삶의 중심 가치로 놓고 살았던 것입니다. 비록 나무 열매를 따 먹고 초목의 뿌리를 캐 먹고 살았어도 정착농경민이나 고기를 먹던 사람들보다도 훨씬 더 강건하고 오래 살았다고 합니다. 그러한 사실들이 6천 년 전의 무덤이 발굴되면서 고고학적으로 증명이 되었습니다. 당시 사람들의 키를 보면, 남성은 보통 1m 76cm가 넘었고 여성들은 1m 67cm가 넘었다고 합니다.

전쟁은 단지 기원전 4천 년경에 시작된 듯하다. (24쪽)
옛날에 인류가 서로 화합하고 자연과 조화를 이루어 살며 … 전쟁도 없고, 이기심도 공포도 없던 시절이 있었다. (144쪽)
- 스티브 테일러 『자아폭발(원제 : The Fall타락)』

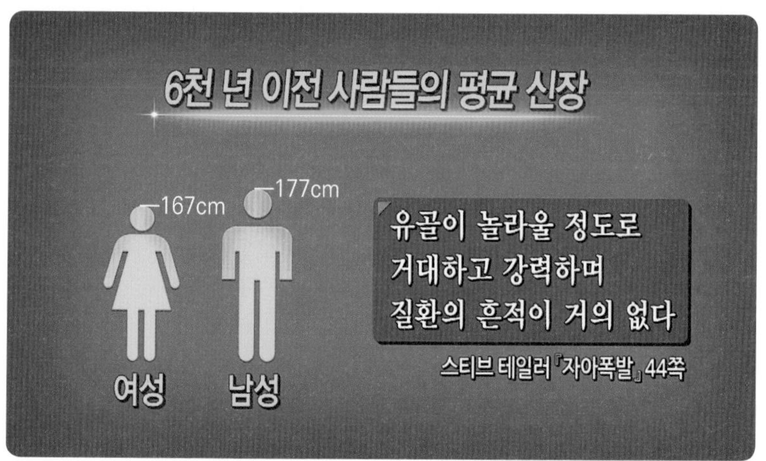

원형문화 시대의 삶의 가치, 광명

조금 더 정리를 해보면, 첫째, 환국·배달·조선은 인류 원형문화 시대입니다. 자신을 낳아준 우주의 광명을 체현體現하며 사는 삶이었습니다.

둘째, 당시 인간 삶의 목적이 광명을 체현하는 것이었기 때문에 사람들은 무병장수했습니다. 『환단고기』의 『태백일사』를 보면, 그때는 '인개자호위환人皆自號爲桓, 사람들 모두 스스로 환이라 불렀다.'고 합니다. 그리고 이 밝은 광명의 사람들을 다스리는 우두머리(감군監羣)를 '인仁'이라 했습니다. 서양문명의 근원인 이라크 남부의 수메르 문명에서도 그 지도자를 '인En'이라 했습니다. 그리고 자기들은 천산天山(안샨AnShan)에서 넘어왔다고 했습니다.

인 개 자 호 위 환
人皆自號爲桓

사람들은 모두 스스로 환桓이라 불렀다.
(『태백일사』「환국본기」)

이 감 군 위 인
以監羣爲仁

무리를 다스리는 사람(감군)을 인仁이라 하였다.
(『태백일사』「환국본기」)

『환단고기』에서 선언한 인간의 위격

『환단고기』는 우주의 광명을 해석해 주고 있습니다. '이 광명 자체가 신神이다. 조물주가 바로 우주 광명이다.'라는 겁니다.

『태백일사』「삼신오제본기」를 보면 '대시大始에 상하上下와 동서남북 사방에는 일찍이 암흑이 보이지 않았고, 언제나 오직 한 광명뿐이었다.'고 나옵니다. 만물이 창조되기 전, 온 우주에는 오직 한 광명만이 존재했는데 이분이 조물주 '일신一神'이라는 겁니다.

대시 상하사방 증미견암흑
大始에 上下四方이 曾未見暗黑하고
고왕금래 지일광명의 주체즉위일신
古往今來에 只一光明矣러라… 主体則爲一神이시니
(『태백일사』「삼신오제본기」)

그럼 『환단고기』의 첫 문장을 보겠습니다.

"오환건국吾桓建國이 최고最古라."

인류 원형문화와 역사의 원전이라 할 수 있는 이 책의 첫 문장이 '오환건국이 최고라.'입니다. '우리 환족이 나라를 세운 것이 가장 오래되었다.'는 것입니다. 그런데 이 내용을 좀 더 분석해 보면, 앞의 두 글자는 문장 안에 문장이 또 있습니다. '오吾'는 다섯 '오五' 자에 입 '구口' 자를 썼는데 이 글자를 '우리 오'라 해도 되고, '나 오'라고 해석해도 됩니다. 따라서 '오환'은 **'나는 환이다. 너도 환이다. 70억 인류는 모두 환이다. 우리는 살아 있는 우주 광명 자체다!'**라는 뜻입니다. 이보다 더 위대한 인간 존엄 사상은 없습니다. 단 한 글자로써 동서의 어떤 종교, 사상보다 더 위대하고 영원한 주제를 선언하고 있습니다.

『환단고기』에서 말하는 단순하고 정말로 간결한, 그러면서도 가장 숭고한 인간의 위격이 무엇인가? **'인간은 우주 광명 자체다. 살아 있는 신 자체다!'**라는 것입니다.

『삼성기』 상	『삼국유사』「고조선」
吾桓建國이 最古라 우리 환족이 나라를 세운 것이 가장 오래 되었다	昔有桓国 옛적에 환국이 있었다

지금의 대한민국과 지구촌 인류 역사의 근원, 역사의 영원한 고향이 환국입니다. 특히 대한민국은 환국, 배달, 조선으로부터 국통國統이 내려온 나라이며, 이런 기록을 가지고 있고 이런 문화 정신을 가지고 있기 때문에 **'한국의 근원은 환국이다.'**라고 할 수 있습니다. 이것을 잊지 말아야 합니다.

동방 한민족의 삼신문화

환은 그 자체가 신입니다. 『태백일사』「환국본기」에 '환자桓者는 전일야全一也'라는 구절이 있습니다. **'광명을 체험하면, 광명이 우리 몸에 들어오면 온전하게 만물과 하나가 된다.'**는 뜻입니다. 그러면 마음속에 있는 갈등과 시비심, 일체의 번뇌가 한순간에 사라집니다.

그런데 이 광명 속의 신은 항상 3수로써 우주를 구성합니다. 3수 법칙으로 우주를 창조하고 우주 역사를 주관합니다. 따라서 **신은 일신一神이 아니라 삼신三神입니다.**

아버지 하늘의 광명은 만물을 창조하는 조화造化요, 어머니 땅의 광명은 낳아서 기르는 교화敎化요, **인간의 광명은 인간 몸속에 내주內住해 있는 우주 광명, 천지 부모의 광명을 깨달아 현실 역사를 다스리고 정치 시스템을 갖추는 치화治化의 기능**을 합니다.

삼신을 하늘 광명, 땅 광명, 인간 광명이라고도 하고, 또는 그 기능으로 보아 낳고(조화造化) 기르고(교화敎化) 다스린다(치화治化) 해서 '조교치造敎治' 삼신이라 합니다.

삼신 三神	하늘 광명天光明	조화신
	땅 광명地光明	교화신
	인간 광명人光明 (인간 몸속의 우주광명)	**치화신**

환국은 하늘 광명을 중심으로 신의 조화, 신의 창조 권능을 역사役事하였습니다. 바로 조화 문명 시대였던 것입니다. 환국을 계승한 동방의 배달국과 서양의 수메르 문명은 어머니 땅의 광명으로 세상을 다스려 문명을 연 시대였습니다. 지구촌의 모든 생활 도구가 지금부터 6천 년 전의 배달국과 수메르 문명에서 나왔습니다.

환국·배달·조선의 문명 시대를 크게 보면, **환국은 조화 문명 시대, 배달국은 교화 문명 시대, 단군조선은 치화 문명 시대**입니다. **삼신의 정신을 바탕으로 역사의 기강을 바로 세웠던 것**입니다.

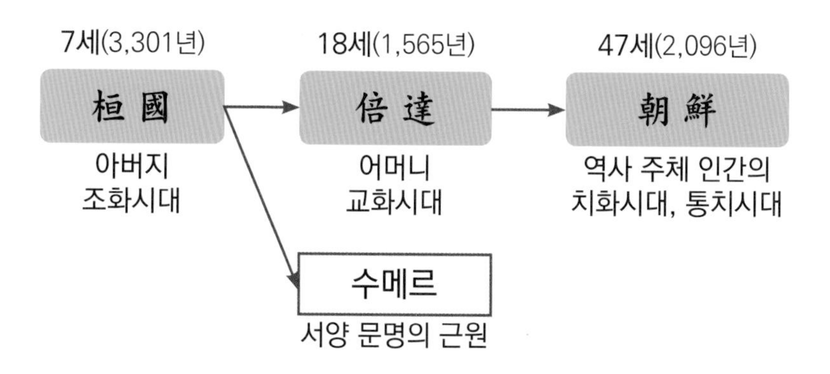

그런데 『환단고기』 첫 권 『삼성기』 하를 보면 이런 문구가 나옵니다.

혹 운 육 만 삼 천 일 백 팔 십 이 년 일　　　　　미 지 숙 시
或云六萬三千一百八十二年이라 하니 **未知孰是**라.

(환국의 역년을) 혹자는 63,182년이라고도 하니 어느 것이 옳은지 알 수 없다. (『삼성기』 하)

제가 30년이 넘는 시간 동안 지구촌 역사 문화 현장을 직접 답사했습니다. 러시아의 광활한 시베리아 땅을 거닐 때 '환국의 역사를 왜 그렇게 두 시간대로 말했을까?' 하고 생각을 해본 적이 있습니다.

자, 이해를 돕기 위해 6만 년 전을 기점으로 그 이후 인류 역사를 한번 간단히 정리해 보겠습니다. 5만 년 전에 현생 인류, 슬기 슬기 인간(호모 사피엔스 사피엔스)이 나타났습니다. 그러고서 2만 년 전에서 1만 년 전에는 유럽의 빙하가 한 4km 정도 녹아서 대서양으로 흘러 들어가고, 그 과정에서 특히 1만 6천 년 전에서 1만 1천 년 전 사이에 유럽과 서아시아에 작은 소빙하기가 세 번 왔습니다. 이때 유럽에 거주하던 사람들이 동쪽으로 이주하여

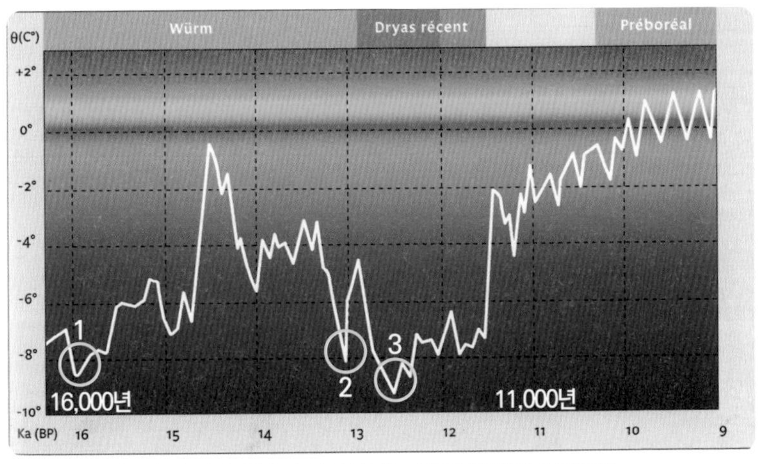

1만 6천~ 1만 1천 년 전에 유럽과 서아시아는 3번의 빙하기를 겪었다.

시베리아까지 와서 살았다는 기록이 있습니다. 프랑스 박물관에 그래프가 있고, 거기서 나온 서적에도 기록이 있습니다. 그리고 1만 년 전에 신석기 문명이 폭발적으로 발전하면서 인류문명이 도약하기 시작합니다.

6천 년 전에는 지구에 급속한 기후 변화가 와서 중앙아시아 지역이 사막화되면서 환국 문명이 나비의 두 날개처럼 동서로 나눠졌습니다. 동방의 배달국과 서남아시아의 수메르 문명으로 말이죠.

그리고 4천 년 전, 동북아시아에 인류 역사의 또 다른 자연 대재앙, 9년 홍수가 찾아왔습니다. 그 끝에 중국의 첫 번째 고대 왕조인 하나라가 성립되었습니다.

자, 이런 역사 시각을 가지고 환국으로 들어가 보기로 하겠습니다.

당시 사람들이 늘상 입에 게거품을 물고 공격적인 행동을 한다거나 몽둥이로 상대방의 머리통을 후려갈기는 "야만인들"이라는 신화는 전혀 정확하지 않다. (『자아폭발』 45쪽)

유적과 유물로 보는 인류 시원 문명의 자취

우리는 1만 년 전 이후 환국을 지구 최초의 문명국가로 정의하였습니다. 그러면 5만 년 전부터 4만 년 전까지의 역사는 완전히 미개한 시대였을까요? 지금까지 지구 문명을 탐험한 사람들은, 빈곤한 역사 상식으로 구석기 시대의 인간을 전부 야만인으로 보고 있습니다. 이런 사고방식이 지금 우리 의식 속에 뿌리 박혀 있습니다.

그러나 현장답사와 유적 발굴에서 드러나는 당시의 놀라운 문화 수준은 그 환상을 깨줍니다. 5만 년 전에서 1만 년 전까지 지구촌에서 나온, 역사 유적지와 박물관에서 본 것을 잠깐 정리해 보기로 하겠습니다. 자, 한번 쭉 볼까요?

4만 년 전 전후에 나온 유물을 보면, 그 모습이 지금 것과 거의 같습니다. 조각, 그림 등을 보면 지금 것과 비교할 때 전혀 뒤지지 않습니다.

또 인류사 최초로 수정과 백옥으로 만든 긁개가 나오는데, 그 시기가 4만 7천 년 전까지 거슬러 올라갑니다. 저 세공 기술을 직접 한번 느껴봐야 합니다.

또 프랑스 쇼베 동굴에서 3만 2천 년 전의 벽화가 나왔는데 지금의 대가들이 그린 그림과 거의 같습니다.

수정과 백옥으로 만든 긁개(7만 7천 년~4만 7천 년 전)
(프랑스 국립 고고학박물관)

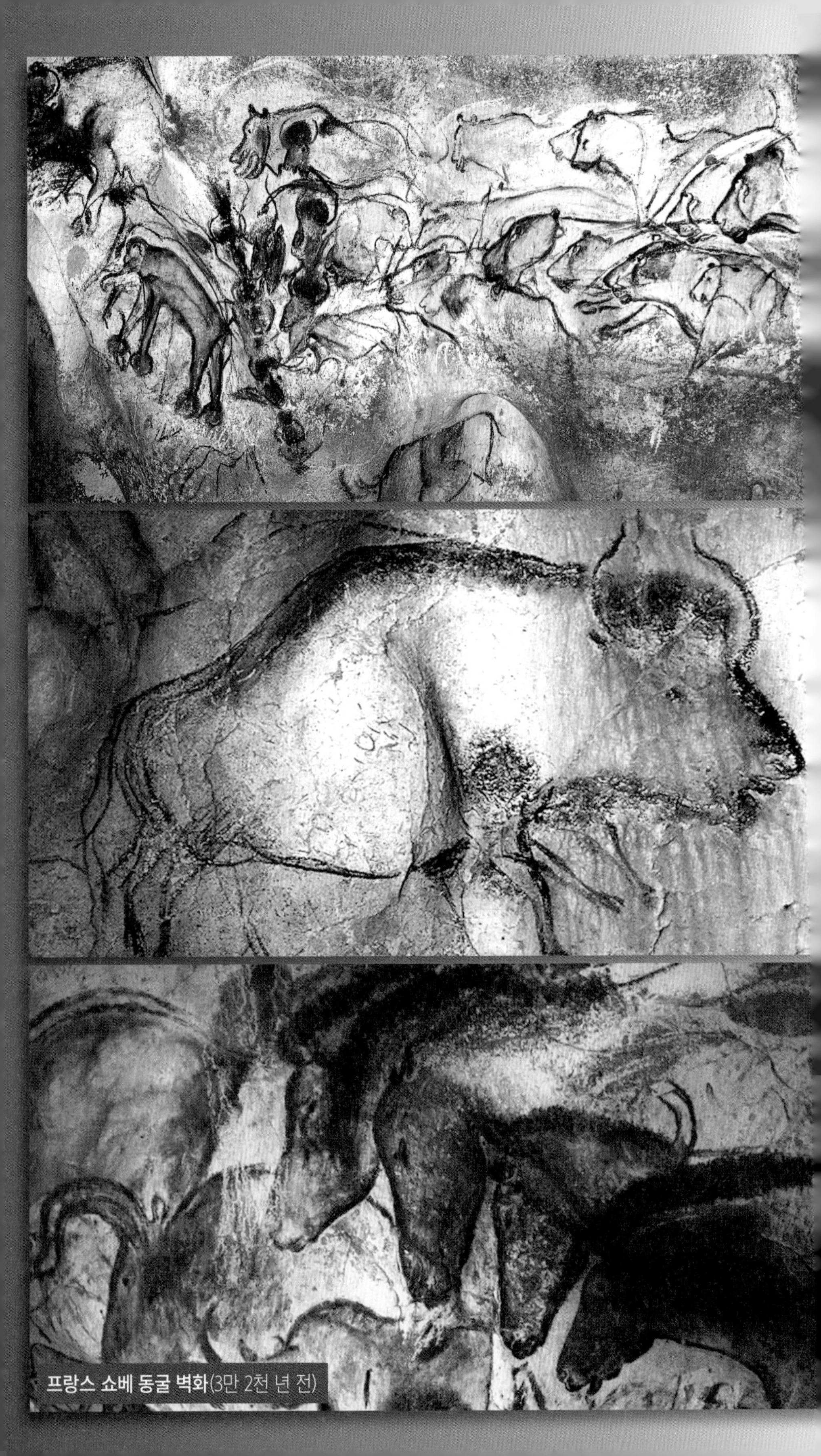

프랑스 쇼베 동굴 벽화(3만 2천 년 전)

또 시베리아에서는 3만 5천 년 전~1만 년 전의 어린이 장난감이 나왔습니다.

3만 7천~ 1만 년 전 어린이 장난감(러시아 이르쿠츠크 역사박물관)

서양에서는 3만 년 전후 임산부의 풍성한 엉덩이와 젖가슴이 나온 여신상이 출토되었는데, 서양의 여신상들이 대부분 이런 모습입니다.

그 뒤 러시아에서 나온 것 중에는 기도하는 모습의 인형도 있습니다.

2만 5천 년 전 구석기 후기의 비너스 상
(오스트리아 빌렌도르프 발굴)

맘모스 상아로 만든
기도하는 모습의 러시아 인형
(러시아 이르쿠츠크 역사박물관)

지금 이 사진(아래)은 2만 7, 8천 년 전의 유물인데, 모스크바 인근의 도시, 블라디미르의 숭기르Sungir 유적지에서 나온 관입니다. 아마 남매인 듯한데, 관 속에서 소년, 소녀가 머리를 맞대고 있습니다. 그리고 작은 맘모스 상아 구슬 1만여 개가 저 남매의 몸을 둘러싸고 있습니다. 저렇게 많은 구슬을 가공하려면 무려 6천 시간 이상의 정성을 들여야 만들 수 있을 정도의 양입니다. 그러니까 이미 **약 3만 년 전에 분업화된 사회조직 시스템이 있었다**는 것입니다.

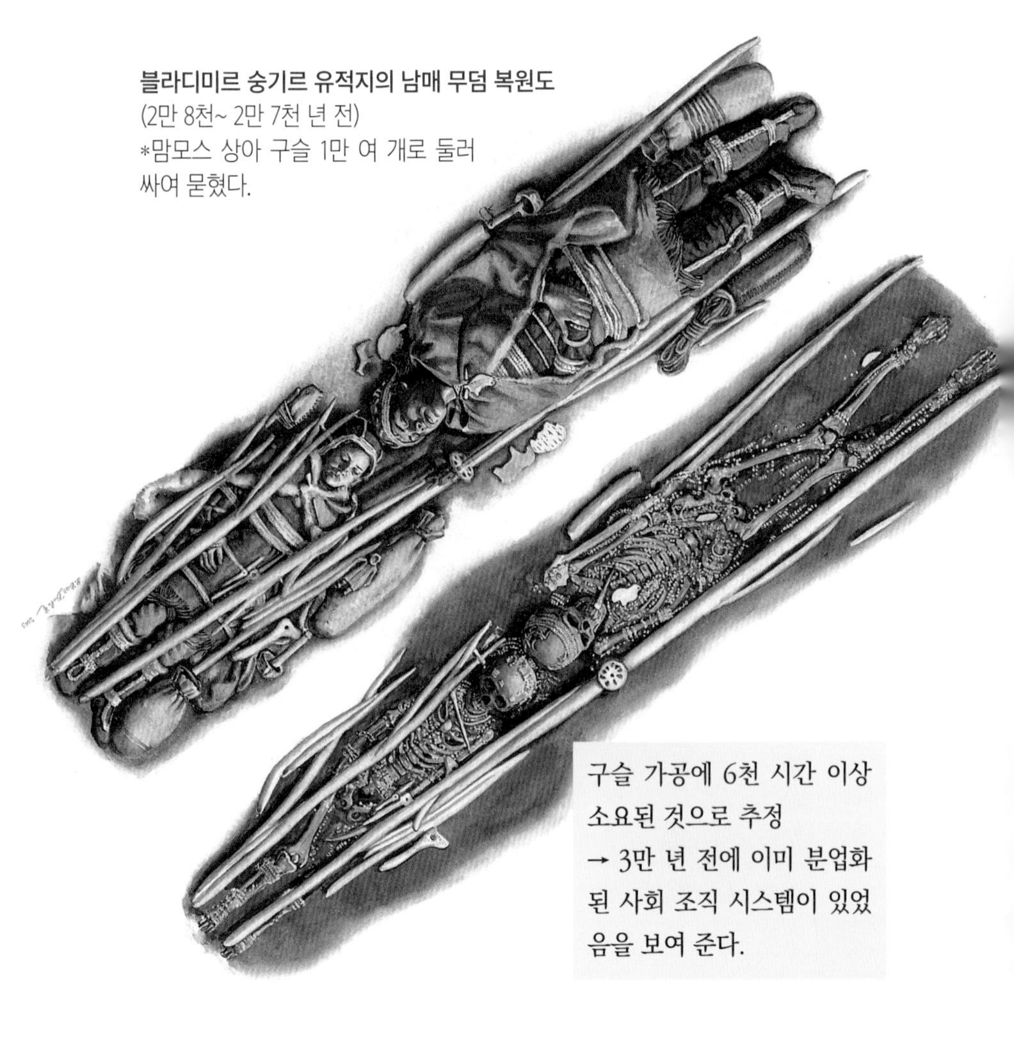

블라디미르 숭기르 유적지의 남매 무덤 복원도
(2만 8천~ 2만 7천 년 전)
*맘모스 상아 구슬 1만 여 개로 둘러싸여 묻혔다.

구슬 가공에 6천 시간 이상 소요된 것으로 추정
→ 3만 년 전에 이미 분업화된 사회 조직 시스템이 있었음을 보여 준다.

그리고 시베리아의 파리라 불리는 바이칼호 왼쪽에 있는 도시, 이르쿠츠크의 역사박물관 1층에 특이한 유물이 하나 진열되어 있습니다. 맘모스 뼈에 중앙의 점을 중심으로, 나선형으로 점을 잔뜩 새겨놓았는데요, 제가 고고학 전문가에게 "이게 무엇으로 해석됩니까?" 하고 물었더니 "캘린더가 아니겠어요?"라고 했습니다.

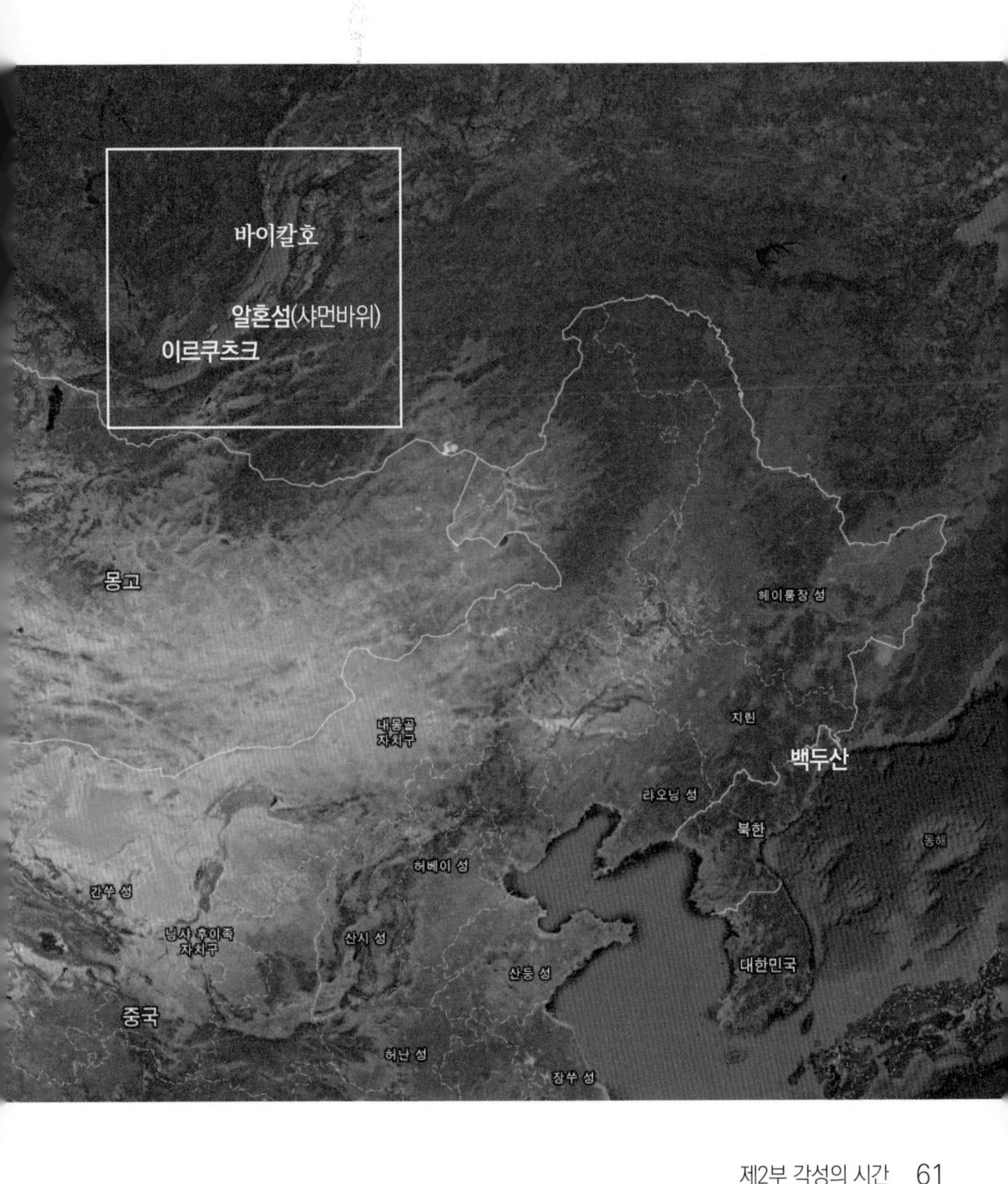

이르쿠츠크 역사박물관(러시아)

이르쿠츠크 역사박물관 1층 진열장

맘모스뼈에 점으로 새긴 달력의 뒷면
(약 2만 7천 년 전, 상트페테르부르크 에르미타주 미술관)

맘모스뼈에 점으로 새긴 달력의 앞면
(약 2만 7천 년 전, 이르쿠츠크 역사박물관)

그런데 이 유물의 뒷모습이 러시아의 상트페테르부르크 에르미타주 미술관에 있습니다. 이것은 뱀이 꿈틀거리는 것처럼 마치 물결치는 것과 같은 문양을 새겨놓았습니다. 생동감 있는 생명의식을 표현하려는 미의식이 있었던 겁니다. 몽골에 가보면 이와 똑같은 양식으로 만들어진 제례복과 신상이 있는데요. 어쨌든 이 유물이 일종의 당대 캘린더일 수 있다고 하니 참으로 신비스럽습니다.

만주족 샤먼의 제례복과 신상(중국 길림성박물관)

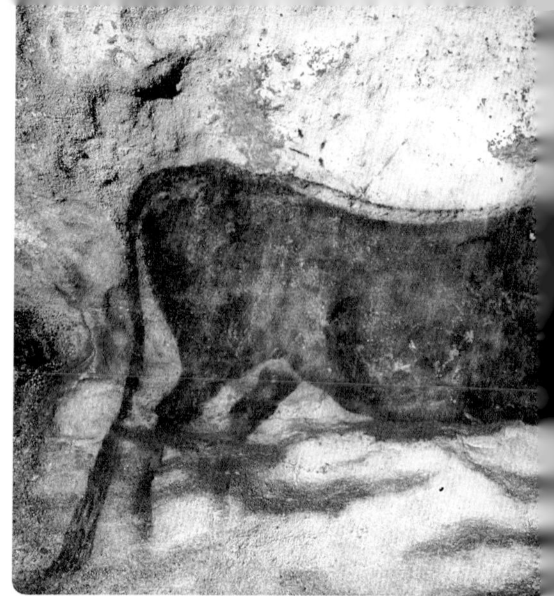

자, 2만 년 전 이후로 가볼까요?

이 사진은 프랑스 남부의 라스코 동굴벽화입니다. 얼마나 잘 그렸습니까! 이 색감과 질감을 보세요. 역동적이고 강렬한 색채의 바로크 양식과 동적인 근대 미술의 사조도 엿볼 수 있습니다.

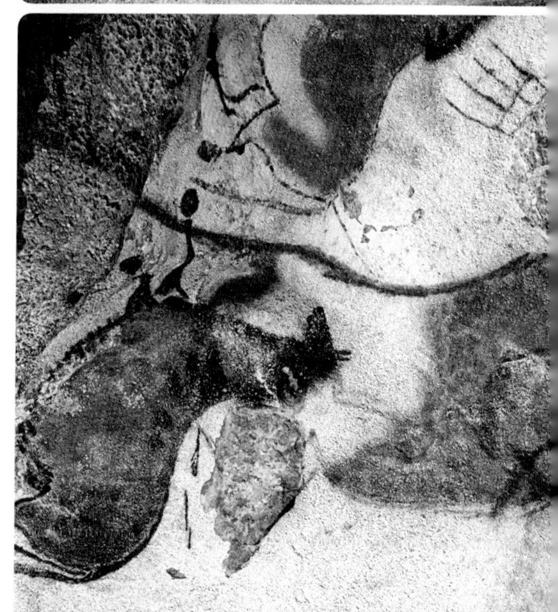

프랑스 남부 라스코 동굴벽화
(1만 7천~ 1만 5천 년 전)

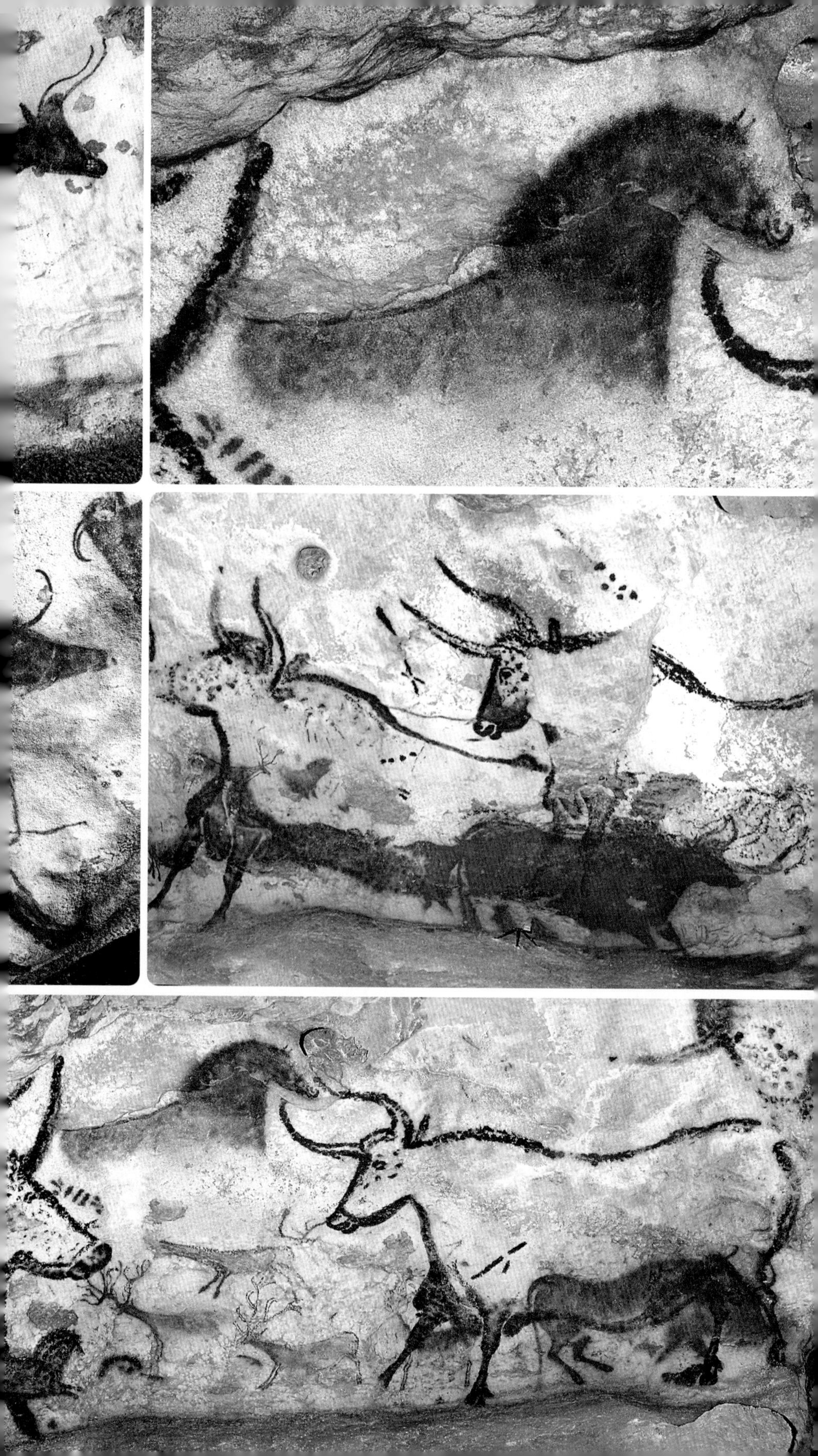

약 1만 9천 년 전에서 1만 4천 년 전에 매머드 상아로 만든 말 조각품, 프랑스 레이몬덴 석굴에서 나온 1만 7천 년 전 동물 뼈에 그린 인물 그림, 쿠르베 동굴에서 출토된 1만 5천 년 전의 낚시 바늘, 사슴 뼈에 새긴 그림 등이 아주 흥미롭죠.

낚시바늘
(쿠르베 동굴, 1만 5천 년 전)

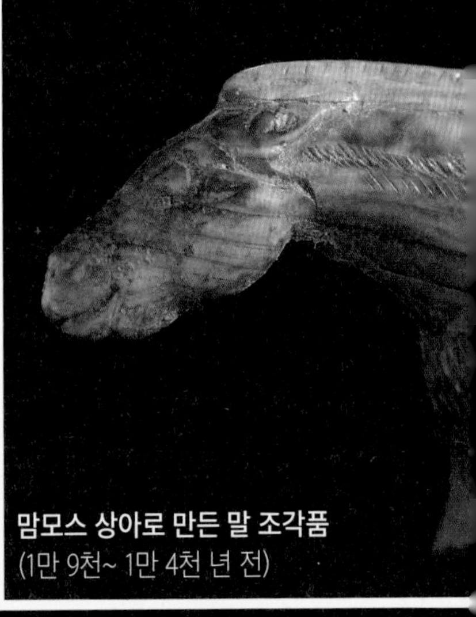

맘모스 상아로 만든 말 조각품
(1만 9천~ 1만 4천 년 전)

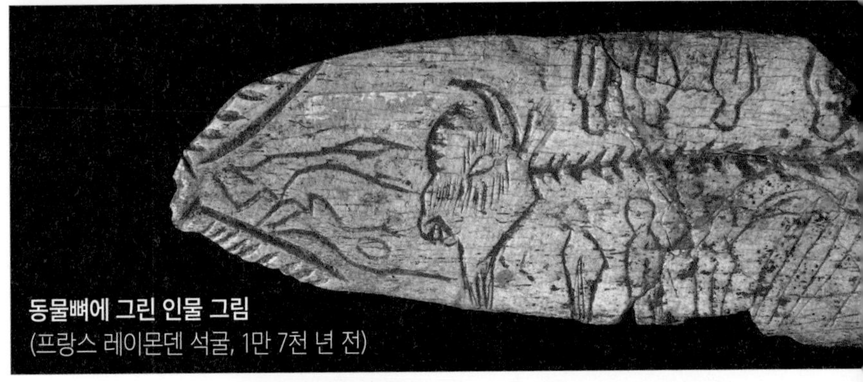

동물뼈에 그린 인물 그림
(프랑스 레이몬덴 석굴, 1만 7천 년 전)

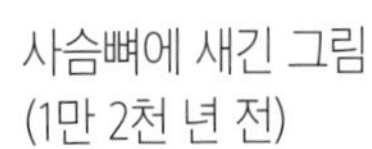

사슴뼈에 새긴 그림
(1만 2천 년 전)

일본 오키나와 해저에서는 1만 년 전의 피라미드가 발굴되었습니다. 영국의 유명한 고대문명연구가 그레이엄 핸콕이 잠수복을 입고 여기를 백 번 이상 들어갔다가 나왔다고 합니다. 이 거대한 **피라미드 궁전 위에 바로 광명문화를 상징하는 태양석**이 있습니다. 남미 안데스산맥에 있는 신단에도 이것과 똑같은 게 있습니다.

그레이엄 헨콕,
『해저궁전』

일본 오키나와 해저 피라미드(1만 년 전)

광명문화를 상징하는 태양석 (solar stone)

인티와타나Intihuatana (페루 마추픽추)
잉카의 사제들이 동짓날 태양신에게 제사를 드리던 곳

이렇듯 지구촌을 다니다 보면 **문화의 보편성**을 만나게 됩니다. **우주광명의 태양을 신앙하고 그리워하고 사모하며, 그 광명과 하나 되려고 했던 멋진 문화 정신**을 만날 수가 있습니다.

환국문명의 출발점

환국은 전기 환국과 후기 환국이 있습니다. **전기 환국**(5만 년 전~1만 년 전)**은 5만 년 전 인류 최초의 부모인 나반**那般**과 아만**阿曼**으로부터 시작**됐습니다. 그리고 **인류 최초의 문명국가, 후기 환국**(BCE 7197~ BCE 3897)**시대가 약 9천 2백 여년 전부터 3천 3백 1년 동안 지속됐으며 일곱 분의 환인이 다스렸습니다.**

한 분이 수백 년을 다스린 것입니다. 이것은 **무병장수 문화**를 인식하지 못하면 알 수가 없습니다. 동양의학의 첫째 경전인 『황제내경』을 보면 황제가 "고대 사람들은 백 살이 넘어도 늙지 않고 오래 살았는가?"라고 신하 기백과 대화하는 내용이 나옵니다. 기백의 말을 보면, "옛날 사람들은 **절도 있는 생활을 하였으며 자연에 순응**했습니다. 그런데 지금 사람들은 몸에 있는 정기를 막 쏟아버리고 술을 아무 때나 마시며 살다가 반백 년도 못돼 다 늙어버리고 쇠락합니다."라고 합니다.

『황제내경』「상고천진론上古天眞論」

황제黃帝와 기백岐伯의 대화	
상고시대의 사람들은 道를 알아 … 음식에 절도가 있었고 … 백세를 넘게 살다 간 것입니다.	지금의 사람들은 … 정을 소모시키고… 술을 음료라 여기며… 반백년인 오십세가 되면 쇠약해집니다.

다시 말해 '인류 역사는 진인시대에서 성인시대를 거쳐 타락의 시대를 거쳐 왔다. **우주 자연 광명과 하나가 돼서 살던 지극한 인간, 진인**眞人**의 시대가 있었다.**'는 것입니다. 진정한 진리의 인간 시대. 우주광명을 체험하며 신과 하나가 되어 살고, 그리하

여 무병장수를 누리며 살던, 어떤 인간의 무덤에도 무기가 나오지 않는 전쟁이 없던 시대, 이때를 문화인류학에서는 황금시절이라고 합니다.

환국의 위치

그러면 환국(후기환국)은 어디에 있었는가?

『환단고기』에는 환국이 천산 동쪽에 12분국으로 남북 5만 리, 동서 2만 리에 걸쳐 있었다고 하였습니다. 인류 최초의 아버지, 어머니인 나반과 아만이 인간으로 생겨나 건넜다고 하는 하늘 호수 주변에 12환국 중 8, 9개국이 있었습니다. 그래서 이 천산을 지금 지구의 지붕이라 하는 파미르 고원 동쪽으로도 얘기하고, 천하 바이칼호수의 오른쪽에 있는 부르칸 칼둔 산, 신성한 버드나무를 뜻한다는 그곳을 천산으로 비정하기도 합니다.

그런데 바이칼호의 가장 깊은 곳을 지나가다 보면 바이칼호는 호수가 아니라 누가 봐도 바다라는 생각이 듭니다. 파도 소리를 들어보면 바다보다 더합니다. 그리고 그 가운데를 배 타고 지나가 보면, 물이 마치 지구 어머니의 혈액 같습니다. 너무도 숭고하고 신성한 기운을 온몸으로 느끼지 않을 수가 없습니다. 그렇게 한참 지나다 보니, 물결이 1만 년 전 토기들의 문양처럼 생겼습니다. 그래서 '야, 저 문양을 따서 토기를 새겼나 보다!' 하는 생각도 해봤습니다.

부르칸칼둔산("신성한 버드나무")

바이칼호 (답사 영상 중에서)

후기 환국시대의 유물들

환국은 12나라가 있었고 역년은 3천 3백 1년이라 합니다.

당시 유물을 보면요. 1만 년 전 신석기 문명이 나오면서 인류 문명이 도약을 했는데, 그 표지 유물이 바로 우리가 너무도 잘 알고 있는 빗살무늬 토기입니다. 이걸 역사학자들이 머리 빗는 빗이라 하는데 그것은 옛 사람들의 삶의 진실을 너무도 모르고 하는 소리입니다. 빗살무늬가 아니라 **햇살무늬**입니다.

제가 이집트 박물관을 가보니까 빗살무늬 끝에 쌀 알갱이처럼 동그랗게 점이 찍혀 있습니다. "바로 저거다!" 했습니다. 생명의 근원이 태양이기 때문에 그 태양빛을 쏘이며 태어나고 자라난 만물의 모습을 그린 것입니다. 저걸 소나기 모습이라고도 하고, 여러 가지로 말하는데 해석은 자유입니다. **빗살무늬는 햇살무늬입니다!** 저 햇살무늬는 **인류 보편의 최초의 디자인**입니다. **우주 광명, 환국의 문화를 생활화한 것입니다.**

아침에 태양이 뜨면 동산에 올라 해님에게 절하며 기도하고, 저녁이면 서천에 가서 떠오르는 보름달을 향해 '내가 당신과 하나가 되어 살리라'라고 맹세한 삶의 모습이 『환단고기』에 나와 있습니다.

빗살무늬 = 햇살무늬

1만 년 전 시작된 신석기 시대의 대표 유물
*빗살무늬 토기

조 즉 제 등 동 산 배 일 시 생
朝則齊登東山하야 **拜日始生**하고

사람들은 아침이 되면 모두 함께 동산東山에 올라
갓 떠오르는 해를 향해 절하고

석 즉 제 추 서 천 배 월 시 생
夕則齊趨西川하야 **拜月始生**하니라

저녁에는 모두 함께 서천西川으로 달려가
갓 떠오르는 달을 향해 절하였다. (『태백일사』「환국본기」)

홍산문화로 보는 환국 시대의 삶의 자취

19세기 덴마크의 고고학자 톰젠이 인류 역사시대를 고고학적 관점에서 구석기, 신석기, 청동기, 이런 식으로 나눠 놓았는데, 그런 관점에는 인간 정신문화의 핵심이 없습니다!

C.J.톰젠(1788~ 1865)
덴마크 고고학자

그런데 동북아에서 1만 년 전 유적지, 소위 홍산문화 지역을 파 보니까 옥이 쏟아져 나오는 것입니다. 옥이 8천 년 이전 것부터 쏟아져 나왔습니다.

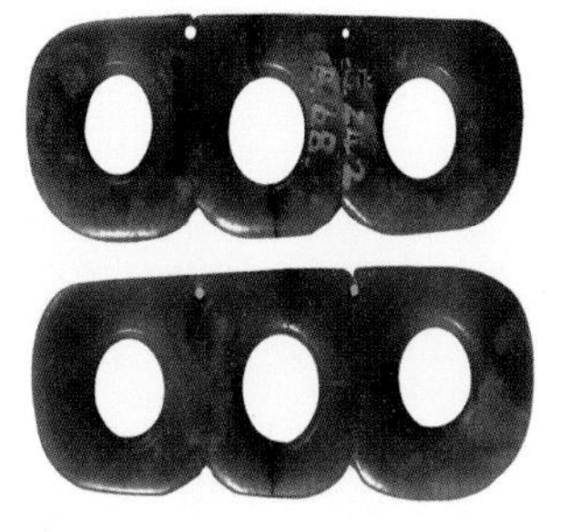

삼련벽三聯璧

옥봉황

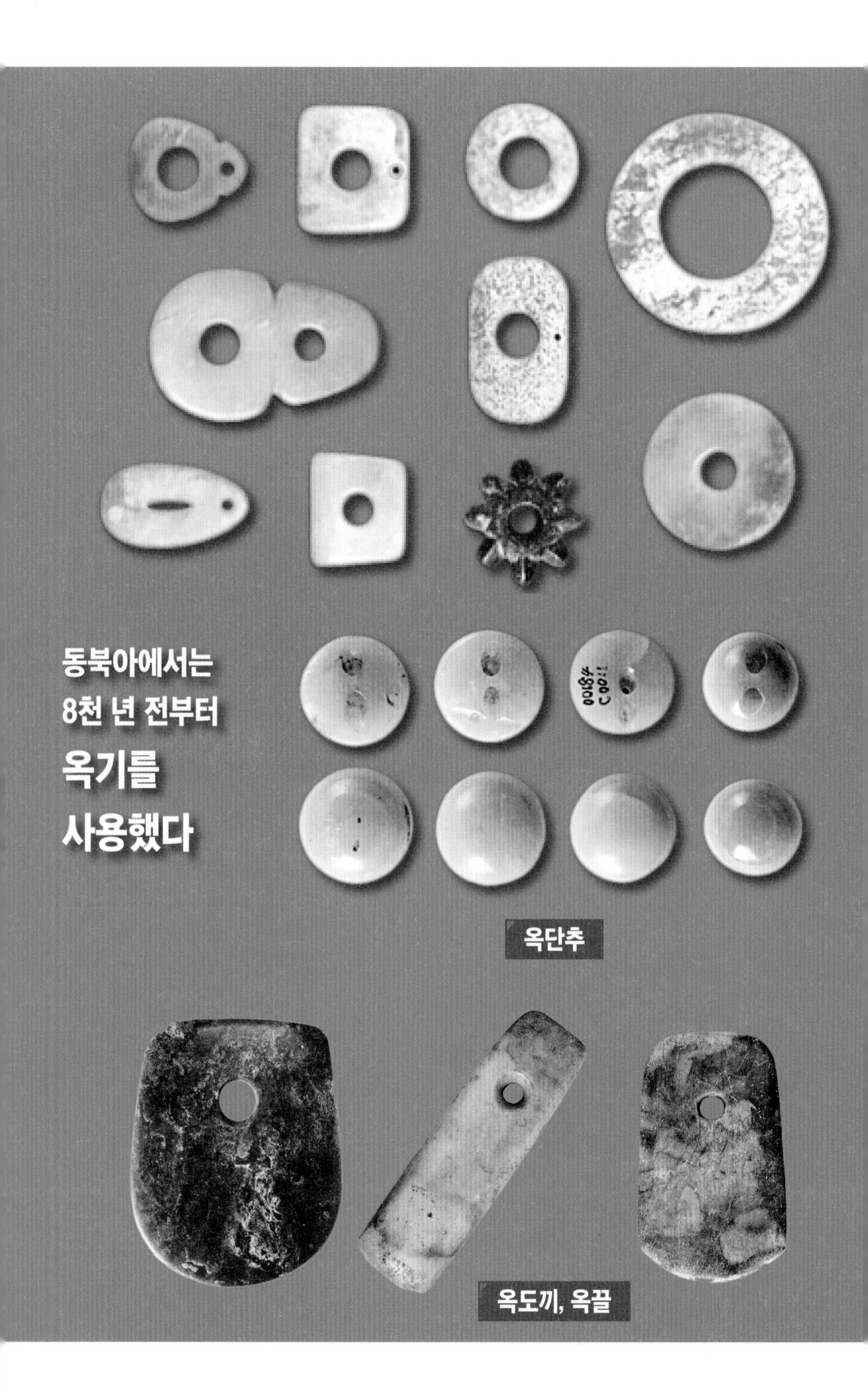
동북아에서는
8천 년 전부터
옥기를
사용했다
옥단추
옥도끼, 옥끌

소하서小河西 문화를 보면 9천 년 전에서 8천 5백년 전에 동북아 최고最古의 신석기 문화가 나온다고 합니다.

너무 시대를 올려 잡은 것이 아닌가 하는 분도 있겠지만 실제 제주도에서는 1만 2천 년 전 유적도 나오고 있다는 것을 말씀드리고 싶습니다.

제주 고산리 1만 2천 년 전 신석기유적지와 토기

그 다음 흥륭와興隆窪 문화를 보면, 8천 년 전 전후의 세계 최고의 옥결(玉玦, 옥 귀고리)이 나왔습니다. 보면 컴퓨터로 새긴 것과 거의 똑같습니다. 박물관 현장에 가서 봐도 그렇습니다.

엄청나게 많은 옥 문화 유물이 쏟아져 나오니까 중국 학자들이 '구석기, 신석기 다음에 옥기시대玉器時代가 있다. 새로운 시대를 추가해야 한다'고 합니다.

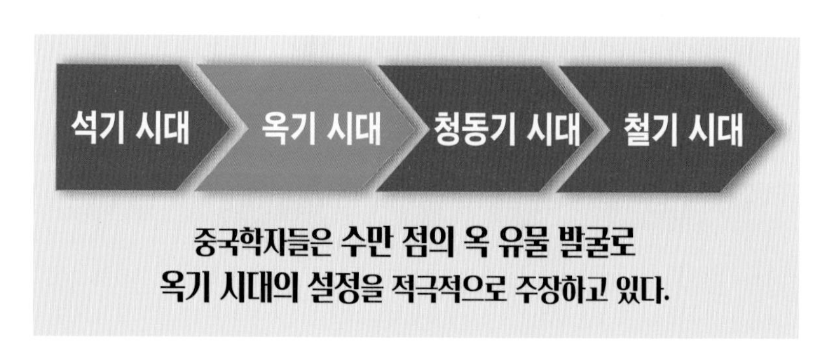

또 이때 원시 온돌이 발굴돼 나왔습니다. 그런데 10억 이상의 중국 한족은 온돌을 사용하지 않고 침대 생활을 합니다.

그런데 흉노족이 살던 시베리아에 가보니까 그곳 민속박물관을 야외에 만들어 놨는데, 거기에 온돌이 있습니다. 흉노족도 온돌을 놓고 살았습니다.

흥륭와 문화의 집단 거주지
아궁이에 불을 때고 온돌을 사용했다.

흉노족의 온돌 유적
(BCE 100 ~ CE 100, 몽골 울란우데 민속박물관)

미국 고고학자 사라 넬슨이 말하는
흥륭와 문화 특징

① 온돌사용
② 강철보다 단단한 흑요석黑曜石으로 옥기 제작
③ 누에를 쳐 옷을 만들어 입음
④ 배를 만들어 어업활동

사라 넬슨 교수가 감수한 중국 역사 번역서에는 흥륭와 문화 당시 강철보다 더 강하고 단단하고 날카로운 흑요석黑曜石, 검을 흑 자에 빛날 요 자, 흑요석으로 옥기를 제작했고, 누에를 쳐서 옷을 해 입고 배를 만들어 어업 활동을 했다고 추정해볼 수 있다 합니다.

그 다음 사해査海문화에서는 7천 6백 년 전 돌로 쌓은 석소룡石塑龍, 중화 제일룡이라고 하는 유적지가 나옵니다. 이것은 20여 년 전에 발굴된 것입니다.

그리고 조보구趙寶溝 문화를 보면 세계 최고의 봉황 형상을 한 토기가 있습니다. 비슷한 것이 몽골 박물관에도 두 점이 있는데, 서양에서는 피닉스phoenix, 또는 그리핀griffin이라고 합니다.

중국 동북아의 공업 도시 심양을 가보면 봉황각이라는 호텔이 있습니다. 그 심양 지역에서 7천 년 전의 봉황새 조각이 나왔습니다.

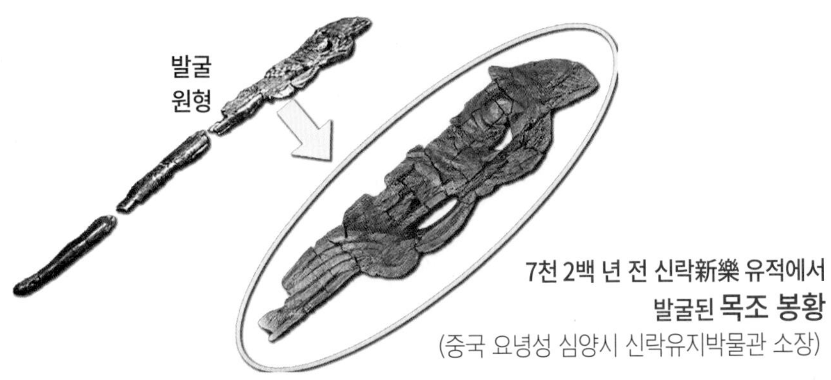

7천 2백 년 전 신락新樂 유적에서 발굴된 **목조 봉황**
(중국 요녕성 심양시 신락유지박물관 소장)

유럽에 꽃핀 환국 문명

그러면 환국 문명은 유럽에도 나타났을까요?

헝가리에서 7천 5백 년~ 7천 3백 년 전의 곰 토템 형상이 발굴된 적이 있습니다.

7천 5백~ 7천 3백 년 전의 곰 토템 토기
(헝가리 국립박물관)

또 프랑스에서는 '**7천 년 전에 농경법을 가지고 동쪽에서 사람들이 들어와서 살았다.** 9천 년 전에서 7천 년 전 사이에는 큰 문화적인 도약이 없다가 **갑자기 이 사람들이 들어와 조상신을 섬기기 시작**했다. 가정 신단을 만들고 조상에게 제사를 지내기 시작했다.'고 합니다. 그러니까 7천 년 전에 농경법과 7천 년 전에서 6천 년 전 사이에 거대한 고인돌 문화가 들어온 것입니다.

> "빗살무늬토기를 쓴 농부들은 중앙 유럽에 새로운 신앙 체계를 가져왔다. … 특이한 형태의 도자기들이 작은 가정 신단으로 사용된 것 같다. 진흙으로 만든 조각상은 … 조상 숭배의 우상으로 보여진다.

The farmers of the Linear Pottery Culture brought new belief systems to Central Europe. ... Extraordinarily made and decorated pottery vessels were probably used as small domestic altars. ... the clay figurines ... as they are now seen as idols for ancestor worship.

_독일 노이에스Neues 박물관의 전시장 글에서

불란서 까르냑 같은 데를 가 보면 아주 장대하게 고인돌이 펼쳐져 있는데요. 지구촌에는 도합 5, 6만 개의 고인돌이 있다고 하는데, 프랑스에 자그마치 2만 개, 한국에도 약 2만 5천 개가 있다고 하는데, 이 고인돌 문화가 지구촌 동서에 널리 전파되었던 것입니다.

전체적으로 보면 프랑스 고인돌은 우리나라 강화도에 있는 고인돌과 같은 구조입니다. 탁자식으로 해서 하늘 덮개 하나가 있고 양쪽에 기둥을 세운 것입니다. 이게 『천부경』 문화입니다. 천일일 이일이 인일삼(天一一 地一二 人一三.). '하늘과 땅과 인간은 원래 하나다. 인간은 천지 부모, 하늘과 땅과 하나가 되어 살 때 영원한 존재가 된다.'는 것입니다. 고인돌은 부모 형제를 묻는 무덤이었습니다. 삶의 소중한 가치가, 문화의 원형 정신이 망자의 안식처인 고인돌에 깃들어 있는 것입니다.

까르냑 열석列石(프랑스 브르타뉴)
3천여 개의 열석이 4km에 걸쳐 늘어서 있다.

강화도 부근리 고인돌 || 프랑스 마흐티뉴 고인돌

하늘광명, 우주광명을 체험하면서 살던 환국 시대! **나라 이름도 한 글자 '환桓'이고, 삶의 주제가 한 글자 '환'입니다**! 역사의 목적도 한 글자 '환'이에요!

환국은 사라진 인류 역사의 옛 고향이 아니라, 과거와 현재와 미래를 관통하는 영원한 인류의 삶, 역사의 목적, 궁극의 이상, 그 모든 것을 상징합니다. **우리 모두가 앞으로 돌아가야 할 미래의 나라가 환국**인 것입니다.

천부경은 환국의 삼수三數문화

환국시대부터 내려온 삼수문화의 정신이 그대로 깃든 고인돌

배달을 세운 환웅천황의 칭호, '커발환'의 뜻

이제 환국을 계승한 배달로 들어가 보겠습니다.

배달국의 건설자가 환웅입니다. 그럼 배달을 세운 환웅천황의 호칭은 무엇입니까? 세 글자로 '커발환居發桓'입니다. 이 배달의 초대 환웅천황의 호, 커발환에는 대원일大圓一 사상이 담겨 있습니다.

그러면 대원일은 구체적으로 무슨 의미일까요?

'삼신이 하늘과 땅과 인간으로 드러났는데, 이 하늘과 땅과 인간은 언제나 한없이 크고(三大), 완전한 조화의 경계에 있고(三圓), 그리고 일체의 관계에 있다(三一).'

이것이 대원일의 뜻입니다.

[大] - 하늘·땅·인간은 한없이 크고

[圓] - 영원히 완전한 조화의 경계에 있고

[一] - 일체 관계에 있다.

우주광명문화에서 깨달음의 길이 대원일에 있습니다. 우주광명 사상의 핵심이 대원일이에요.

『환단고기』로만 풀 수 있는 동서 문명의 원형, 홍산문화

이 배달국의 문화가 홍산문화를 통해 드러나고 있습니다.

1983년도에 우하량에서 대형 축구장 이상으로 큰 원형 피라미드가 나왔습니다. 중국 사람들은 이걸 발굴하고, 지금도 플래카드를 걸어놓고 있습니다. '신비의 왕국 우하량 홍산문화'라고.

우하량에서 발굴된 5천 5백년 전 제단과 무덤과 여신의 신전, 이것은 분명히 조직을 갖춘 초기 국가의 유적인데, 이것을 설명할 수 있는 문헌이 중국에는 단 한 권도 없습니다. 이것은 **오직 『환단고기』로만 설명**할 수 있습니다.

그 **제단과 무덤의 양식이 바로 천원지방天圓地方**입니다. 제단은 둥글고 무덤은 사각형으로 돼 있습니다. 이것은 **하늘 아버지의 생명, 신성은 원만하고 어머니 땅의 정신은 방정하다**는 것을 나타냅니다. 유·불·선·기독교 이전, **하나님 문화의 원형이 나온 것**입니다. 인간이 천지부모와 한마음으로 살기 위해서는 하늘 아버지 마음처럼 한없이 원만하고 땅 어머니 마음처럼 방정해야 합니다. 그래서 천원지방 사상은 인간론에 대한 근본적인 가르침입니다.

지금 종교들은 2천 년, 3천 년밖에 안 됐습니다. 그런데 우리는 지금 **석가, 공자, 예수 이전, 지금으로부터 7천 년 문화 역사**를 이야기하고 있습니다! 진정한 동서 문명의 원형을 찾아 우리 조상의 삶의 모습과 지혜를 만나고 있는 겁니다. 그 **문화의 원형을 가장 진실하게 전하는 것이 바로 무덤 터와 천지에 제사를 올린 제단**입니다.

이 천원지방 양식은 시베리아 등 유라시아 전 대륙에서 찾아볼 수 있습니다. 한반도 전역에 남아 있는 제단도, 유명한 일본의 16대 인덕천仁德天황릉도 천원지방입니다.

일본 오사카에는 홍산문화의 천원지방 양식을 그대로 따서 만든 거대한 피라미드 고분이 있습니다. 사진에서 볼 수 있듯이 제단과 무덤을 우하량과 똑같이 만들어 놓았습니다.

중국의 만리장성 이남은 일반적인 무덤양식이 토광묘土壙墓입니다. 그러나 동유럽을 포함하여 **유라시아 북방의 무덤 양식은 적석총積石塚**입니다. 돌로 석곽을 만들어 시신을 안치하고 그 위를 돌로 쌓은 것입니다. 이것이 **하나님 문화의 원형 중 하나**입니다.

일본 인덕천황릉 : 천원지방의 변형태

원형과 방형을 보여주는 쓰쿠리야마(作山) 고분
(교토 요사与謝군 고분공원 내 위치)

하니와(土偶) 토기로 둘러싸인 쓰쿠리야마 고분

원통형 토기로 둘러싸인 우하량 제단

동양의 신관, '천天과 제帝'

이 대목에서 한 가지를 꼭 추가하고 싶은 게 있습니다. **동양 정신문화의 놀라운 주제**가 하나 있는데 그것은 한마디로 **'천天과 제帝'**입니다.

망망한 우주는 은하계만 존재하는 허무한 곳일까요? 비행기를 타고 지구를 돌아다니다 보면 '구름 위 저 막막한 공간 속에 정말로 영혼의 세계가 있을까? 천국이 있을까?' 하는 의문을 품게 됩니다. 이것을 깨 주는 게 바로 역사 문화의 일관된 주제인 '천과 제'입니다. **동양은 대자연 우주와 이것을 다스리는 우주의 통치자 하느님이 계신다**는 것입니다.

동양에서 말하는 **우주의 조물주 하느님, 삼신三神**은 얼굴 없는 하느님입니다. 그런데 **삼신과 하나 되어 이 우주를 실제로 다스리는 분(인격신)이 계십니다. 이 천상의 우주 통치자 하느님을 제帝**라고 합니다. 이 '제帝' 자를 지금 사람들은 백이면 거의 백 명이 '임금 제' 자라고 합니다. 그런데 그게 아닙니다. 제는 본래 **'하느님 제帝'** 자입니다. 이 하느님은 **가장 높으신 무상의 지존자이시고, 천상에 계시기 때문에 위 상上 자를 써서 '상제上帝'**라 합니다. 원래 호칭은 상제인데, 후대에 천제天帝, 천주天主로 불려진 것입니다.

강화도 마리산 참성단에 깃든 인류 역사의 궁극적 이정표

중국에 가보면 제천단이 남아 있습니다. 아까 본 5천 5백년 전의 우하량 제천단이 있고, 명나라, 청나라 때, 지금 자금성 주변에 그 원형을 그대로 계승한 천지일월 제단을 세웠는데 이름하여 천단天壇공원입니다. 세계적인 공원이죠. 거기를 가보면 제단이 3수로 구성돼 있고, 그 중앙에는 하느님 마음, 하느님의 심장을 상징하는 천심석天心石이 있습니다. 그 제단을 원구단圜丘壇이라 하는데, 사정방四正方으로 되어 있습니다. 정 동서남북, 원 십자입니다.

북경 자금성 전경

북경 천단天壇 공원 전경

우하량 제단과 같이
3수로 구성된 원구단

원구단 중앙에 **하나님의 마음을 상징하는**
천심석天心石이 있다

그리고 그 원형이 대한민국 강화도 마리산에 있습니다. **강화도 마리산 참성단! 이것이 진정한 인류 문화유산 1호가 되어야 합니다.**

그런데 지금 대한민국 국보 1호는 남대문으로 돼 있습니다. 남대문이 어떻게 해서 국보 1호가 되었습니까?

임진왜란(1592~1598) 때 왜군이 쳐들어와서 한양 도성에 불을 지르고 전국을 전쟁터로 만들어 파괴했는데, 그때 왜군 수장 가토 기요마사加藤清正가 숭례문崇禮門을 통해서 한양에 들어 왔습니다. 그 후 1910년에 일본 사람들이 다시 조선을 강제 점령하고 지배하면서 도성의 4대문을 모두 없애자고 했습니다. 그런데 당시 한국에 와 있던 일본인 거류민단장居留民團長이 '숭례문은 우리 조상들이 임란 때 한양으로 입성한 개선문이니 보물 1호로 정하자.'라고 해서, 숭례문 이름을 단순히 방위만을 뜻하는 남대문으로 바꾸어 보물 1호로 정했습니다. 해방 후 우리나라 정부는 그걸 그대로 계승해서 국보 1호로 정한 것입니다.

임진왜란 때 가등청정加藤淸正이 숭례문(남대문)으로 한양 입성 후 도성을 불 지르고 파괴함

본래는 강화도 마리산 참성단이 국보 1호가 되어야 합니다. 왜 그럴까요? 거기에는 '하늘보다 땅이 더 높다. **하늘의 이상은 어머니 땅의 품 안에서 이뤄진다.**'는 주역의 **지천태地天泰 사상**이 드러나 있기 때문입니다. 저 사진을 보면 **지방地方 제단이 더 높은 곳**에 있습니다. 이것은 미래의 새로운 문명, **이상적인 조화문명의 상象**을 보여줍니다.

강화도 마리산 참성단은 비록 규모는 작지만, 이런 심오한 우주론과 신관, 인간 삶의 이상 세계, 인류 역사의 궁극의 이정표를 담고 있기 때문에 대한민국 국보 1호, 나아가 인류 문화유산 1호가 되어야 합니다.

그럼 환국과 배달, 이 동방문화는 무엇으로 표상이 되는가? **천지일월의 광명과 신성을 상징하는 용봉龍鳳**으로 드러납니다. 우주의 물을 다스리는 것은 용이고 불을 다스리는 건 봉황입니다. 그래서 각 민족이 이것을 영적 토템으로 하여 나라를 통치했는데, 실제로 지구상을 다녀보면 이 용봉문화가 없는 곳이 없습니다.

배달시대의 유물들

좀 전에 환국 문명 시간대에서도 살펴봤는데 홍산문화 우하량 유적지에서 배달국 시대의 옥玉으로 만든 여러 가지 생활 도구가 수없이 쏟아져 나옵니다. 이 옥은 압록강에서 가까운 요동반도의 수암岫岩 등에서 나온다고 하는데, 제주도 박물관에 가보면 제주도에서도 옥기가 나오고, 부산에서 사이다 병을 던지면 해류에 밀려 도달한다는 일본 이즈모(出雲)에서도 옥 공예품이 많이 나옵니다. 일만 개 신사의 원조인 이즈모 대사에는 그 옛날 문화의 현장이 지금도 보존되어 있습니다.

중국 요령성 덕보德輔 박물관에 있는 6천 6백년 전부터 천 년 동안 쏟아져 나온 옥기들을 한번 보기로 하겠습니다. 아주 깔끔하게 보존되어 있습니다.

덕보박물관 옥기 전시실(6천 6백 년~ 5천 5백 년 전)

조양시 덕보박물관(중국 요령성)

삼신사상을 상징하는, 천제 올릴 때 쓴 삼련벽三聯璧과 옥종玉鐘도 있습니다. 옥 장식품들은 지금도 우리가 금은방에서 볼 수 있는 물건들입니다. 6천 년 전에서 8천 년 전에 저렇게 구멍을 뚫을 수 있는 세공 기술이 있었던 것입니다.

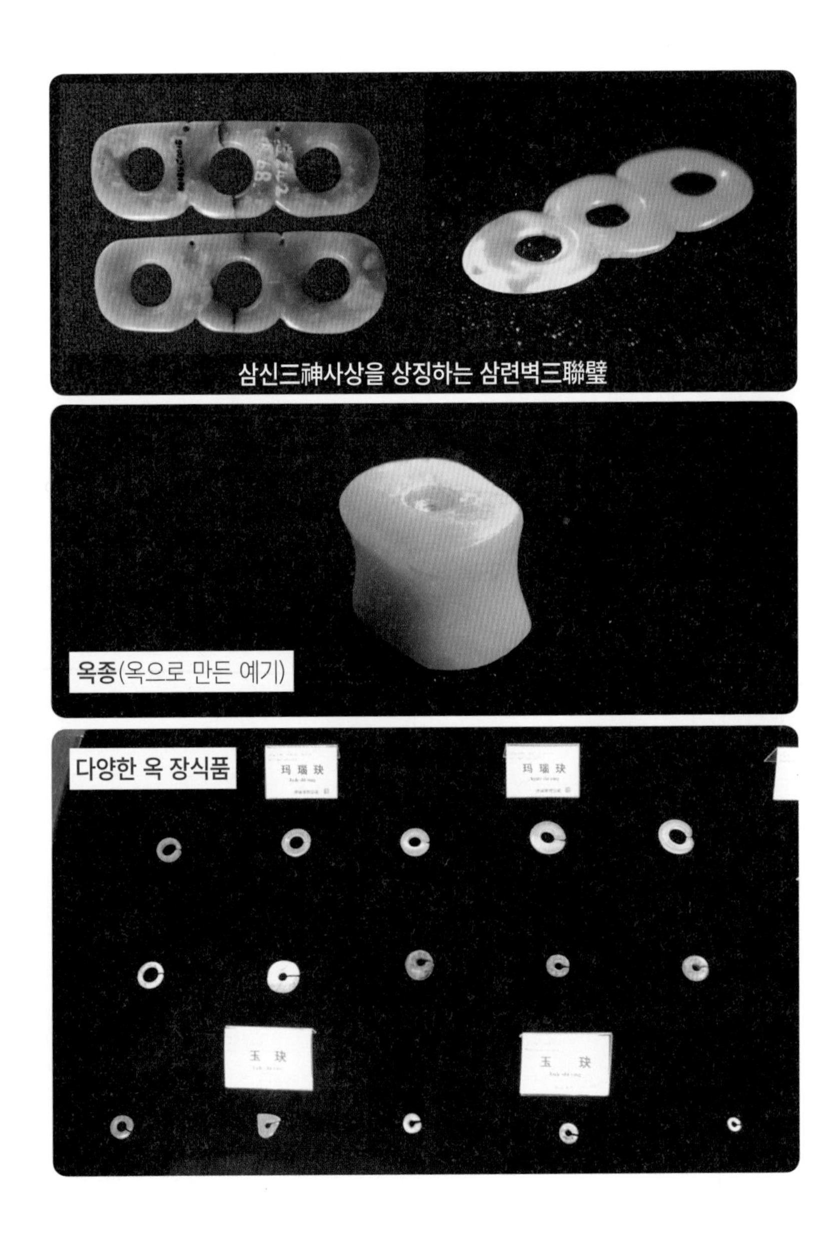

삼신三神사상을 상징하는 삼련벽三聯璧

옥종(옥으로 만든 예기)

다양한 옥 장식품

삼신문화를 상징하는 대표적인 것이 삼족기三足器, 즉 세 발 토기인데 저것이 중국의 역대 왕조에서 천제를 올릴 때 사용한 제례 도구입니다. 수도 없이 쏟아져 나옵니다.

천제 때 제기로 쓰인 삼족기三足器

돌로 만든 악기인 석경石磬도 나오고, 궁중 문화 의례에서 사용된 '오카리나'라는 악기의 원형도 나오고 있습니다. 돌망치도 수없이 쏟아져 나오고, 심지어 신발을 제작했던 틀도 나옵니다.

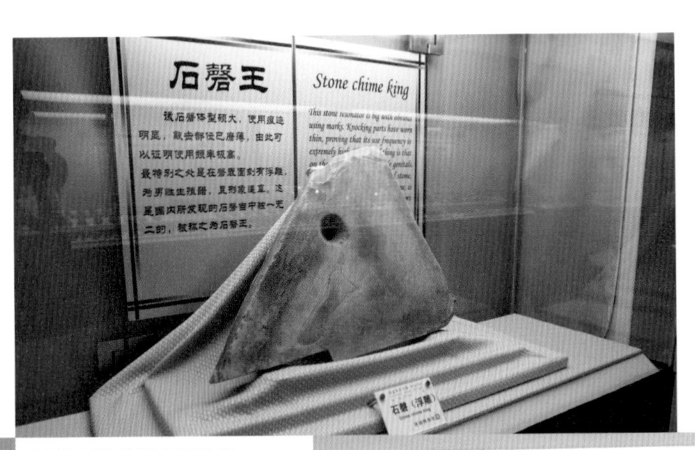

석경石磬 (덕보박물관)
의례용 악기 석경은 당시에
왕궁문화가 있었음을 뜻한다.

오카리나(덕보박물관)

돌도끼(덕보박물관)

돌망치(덕보박물관)

신발틀(덕보박물관)

저기 무덤 터에서는 입으로부터 시작하여 사람 몸의 구멍을 전부 옥으로 메운 유해가 발굴되었습니다.

머리에서 발끝까지 총 20점의 옥기로 치장한 우하량 제2지점 21호묘

또 하나님과 인간 사이를 매개한다는 부엉이 등 옥으로 만든 여러 가지 새들이 나옵니다.

내몽골 나만기奈曼旗 같은 데서는 6천 7백 년 전 이후에 만들어진 옥도장이 나왔습니다. 환웅천황이 동방으로 와서 신시배달국을 개창할 때 환인 천제로부터 천부인 도장을 가지고 오셨다는데, 이는 배달국이 통치권을 행사하는 정치 지도자가 있는 국가 조직을 갖춘 문명임을 뜻하고 있습니다.

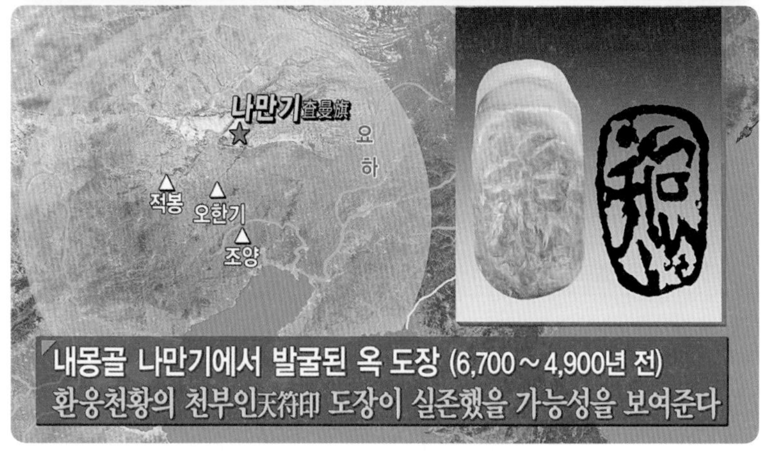

내몽골 나만기에서 발굴된 옥 도장 (6,700~4,900년 전)
환웅천황의 천부인天符印 도장이 실존했을 가능성을 보여준다

모든 문명은 이전의 문화가 축적되어 나온 것

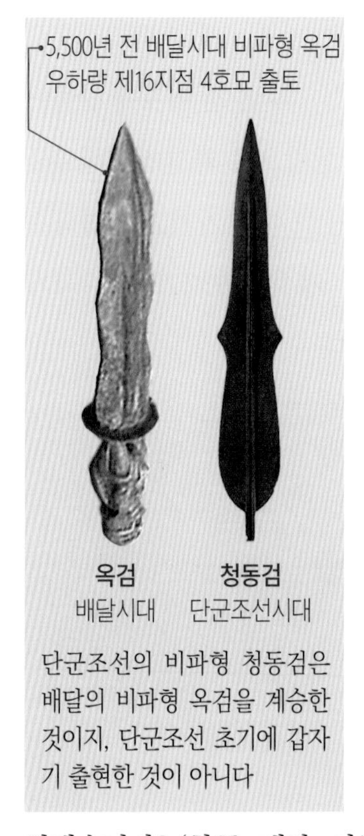

단군조선의 비파형 청동검은 배달의 비파형 옥검을 계승한 것이지, 단군조선 초기에 갑자기 출현한 것이 아니다

또 단군조선 영역에서 광범하게 출토되는 **비파형 동검**銅劍은 비파琵琶라는 악기의 몸체를 본떠서 만든 것인데, 그 원형이 6천 년 전 배달국 시대에 옥으로 만든 **비파형 옥검**玉劍입니다. 비파형 동검이 단군조선 초에 갑자기 쏟아져 나온 것이 아닙니다. 환국 문화도 그 이전 **4만 년 동안의 문화가 축적돼서 9천 년 전에 환국의 우주광명 문화가 나온 것**입니다.

지구촌 여러 곳의 역사 유물들을 보면 어떻게 그걸 부정할 수 있겠습니까? '환국, 배달, 아! 이건 너무도 당연한 거구나!' 하는 걸 느낄 수 있고, 『환단고기』의 역사 기록을 결코 소홀히 할 수가 없습니다.

유럽 헝가리 박물관에도, 6천 5백년 전후, 배달국 때 나온 비파형 옥검을 본떠서 만든 비파형 동검이 있습니다. 동방 유목문

3천 6백년 전 유럽 지역의 청동검(헝가리 국립박물관). 단군조선의 비파형 동검과 비슷한 형태를 띠고 있다.

화를 가지고 온 사람들이 이걸 만들어서 썼습니다.

홍산문화 발굴의 의미, 지구촌 동서 문명을 융합할 수 있다!

이렇게 홍산문화에서 동방 천제문화 유물이 헤아릴 수 없이 쏟아져 나오고 있는데, 그럼 이 문화 발굴의 의미가 무엇인가? 결론이 무엇인가?

천제天祭와 조상을 섬기는, 조상제사의 문화 틀이 오래 전 환국·배달 시대부터 뿌리를 내리고 있었다는 것입니다.

결론적으로 홍산문화 지역은 북방의 유목문화와 남방의 농경문화와 발해만의 해양문화 등 여러 문명요소들이 융합될 수 있는 지역입니다. 훌륭한 문명 통합의 정신, 그 피를 한반도의 한민족이 그대로 받아 가지고 있는 것입니다.

그러나 안타깝게도 우리는 그 역사와 문화를 다 잃어버렸습니다. 그래서 지금 지구촌 북방문화와 남방문화, 대륙문화와 해양문화를 융합할 수 있는, 원형문화의 진정한 창조 정신이 깊이 잠

들어 있습니다. 오늘 우리는 이 정신을 깨우고 각성해야 하며 새로운 깨달음을 얻어야 합니다!

단군조선은 3왕조 시대

이제 단군조선으로 넘어가 보겠습니다. 단군조선은 BCE 2333년부터 BCE 238년까지, 마흔일곱 분 단군이 2천 96년 동안 다스렸습니다.

아까 읽은 『삼국유사』에 '수도를 송화강 아사달에서 백악산 아사달로, 다시 장당경 아사달로 옮겼다.'라고 수도를 세 번 옮겨갔다는 기록이 나와 있죠.

이집트, 로마를 보면 이집트 약 2천 년, 로마 제국이 2천 년을 갔습니다. 그런데 우리 동방에도 2천 년 왕조 역사가 있습니다. 바로 단군조선의 역사입니다.

제1왕조 송화강 아사달(하얼빈) 시대부터 제2왕조 백악산 아사달(장춘) 시대, 즉 43세 물리 단군까지 정확하게 1천 9백 8년입

니다. 앞서 『삼국유사』 「고조선」에서 '단군왕검의 수명이 1천 9백 8년'이라고 한 것은 단군조선 제2왕조까지의 역년인 겁니다. 그리고 물리 단군 때 혁명을 일으키고 즉위한 44세 구물 단군은 나라 이름을 대부여로 바꾸었습니다. 이때부터가 제3왕조(장당경 아사달-개원 시대) 시대인데, 이 **대부여가 188년 지속**되었으니 **단군조선의 역년은 총 2천 96년**입니다. 단군조선 시대는 중국의 요순시대, 하상주시대, 춘추전국시대와 같은 시기입니다.

왕조	재위	총 역년
제1왕조	1세 단군왕검 ~ 21세 소태단군 (총 1048년)	총 역년 2,096년
제2왕조	22세 색불루단군 ~ 43세 물리단군 (총 860년)	
제3왕조 (대부여)	44세 구물단군 ~ 47세 고열가단군 (총 188년)	

단군조선 변천 과정

단군조선 시대는 이후 북부여로 계승됩니다. 해모수라는 분이 단군조선의 중앙 정부인 진한이 망하기 1년 전, 웅심산熊心山에서 북부여라는 나라를 세웠는데. 대부여를 계승해 북부여라고 한 것입니다.

9년 대홍수의 위기에서 중국을 구해 준 단군왕검

단군조선 시대의 역사 문화를 보여주는 대표적인 유적이 아까 말한 강화도 마리산 참성단입니다.

지금부터 약 4천 3백 년 전, 초대 단군왕검 재위 50년 되던 해에 동북아에서 대홍수가 일어났습니다. 노아의 홍수는 잘 아시죠? 그때와 멀지 않은 때입니다. 홍수가 나자 단군께서는 산과 하천을 잘 정리하여 그해 홍수를 극복하셨습니다. 그리고 이듬해 **마리산에 참성단을 쌓도록 명하시어 우주의 통치자 하나님, 상제님께 친히 국난극복에 대한 보은 천제를 올리셨습니다.**

그 수년 뒤에 중국에서 9년 대홍수가 일어났는데, 이 내용이 성인 제왕의 역사를 기록한 유가의 경전 『서경書經』에 나와 있습니다. 거기에 이런 내용이 나옵니다.

> "옛날에 곤鯀이 홍수를 막으면서 오행의 질서를 어지럽히자 천제(단군왕검을 의미함)께서 진노하셔서 홍범구주洪範九疇를 내려주시지 않았다."

마리산 참성단. 단군왕검 재위 50년에 홍수가 일어나 물을 다스리고 이듬해 마리산 참성단을 쌓음(BCE 2283년)

중국 우나라 순임금 때, 곤이라는 사람이 홍수를 다스리다가 실패하고 귀양을 가서 무참하게 죽습니다. 그 뒤를 이어 **곤의 아들 사공司空 우禹가 9년 홍수를 다스리는데, 사무친 마음으로 동방 천자의 나라, 조선에 탄원**을 했나 봅니다. 홍수를 다스릴 수 있는 법방을 가르쳐 달라고.

이에 단군왕검께서는 아들, 부루 태자를 보냈습니다. 부루 태자는 나중에 2세 단군이 된 분입니다. 그때 **부루 태자가 산동성에 있는 낭야성琅邪城에 가서 중국의 실정을 보고 받습니다.** 지금도 그 성이 잘 보존돼 있는데, 낭야성 꼭대기에는 면류관을 쓴 진시황이 손가락으로 동방 조선의 황해 바다를 가리키고 있는 석상石像이 남아 있습니다.

기 자 내 언 왈 아 문
箕子乃言曰 我聞호니
재 석 곤 인 홍 수 골 진 기 오 행 제 내 진 노
在昔鯀이 **陻洪水**하야 **汨陳其五行**한대 **帝乃震怒**하사
불 비 홍 범 구 주
不畀洪範九疇하시니
이 륜 유 두 곤 즉 극 사 우 내 사 흥
彝倫의 **攸斁**니라 **鯀則殛死**어늘 **禹乃嗣興**한대
천 내 사 우 홍 범 구 주 이 륜 유 서
天乃錫禹洪範九疇하시니 **彝倫**의 **攸敍**니라

기자가 이에 대답하였다. "제가 들으니, 옛날에 곤鯀이 홍수를 막으면서 오행의 질서를 어지럽히자 천제(단군왕검)께서 진노하셔서 홍범구주(아홉 가지 치국治國의 대법大法)를 주시지 않으니 치국의 상도常道가 이로 인해 파괴되었습니다. 곤은 귀양 가서 죽었고, 우가 부친의 사업을 계승하여 일어났습니다. 천제께서 홍범구주를 우에게 내려주시니, 치국의 상도常道가 이로 인해 정해지게 되었습니다."(『서경』)

낭야성의 유래는 오직 『환단고기』에만 나옵니다. 단군조선의 서쪽, 번한의 초대 임금이 배달국 치우천황의 후손인 치두남이고, 낭야는 바로 그의 아들입니다. 번한의 2세 왕인 낭야가 그 성을 개축했다 해서 낭야성이라 부르는 것입니다. 부루 태자는 거기서 중국 홍수의 실정을 듣고, 지금의 절강성 쪽에 있는 도산(회계산)에서 회의를 소집해 사공 우에게 오행치수법五行治水法, 즉 홍범구주를 전하였습니다.

중국이 천자문화, 황제문화를 갖게 된 것은 바로 사공 우가 천제이신 단군왕검에게서 오행치수법이 적힌 '금간옥첩金簡玉牒'을

4천 2백여 년 전 단군왕검이 보낸 특사 부루태자가 중국 순임금을 만난 낭야성 (산동성 교남시)

받은 이 때부터이며, 거기에 적힌 오행치수의 비결인 『황제중경黃帝中經』이 후에 기자가 설한 홍범구주洪範九疇입니다. **홍범구주란 '나라를 다스리는 큰 아홉 가지 규범'**이란 뜻으로 지금 쓰는 '범주'라는 말이 여기서 나온 것입니다.

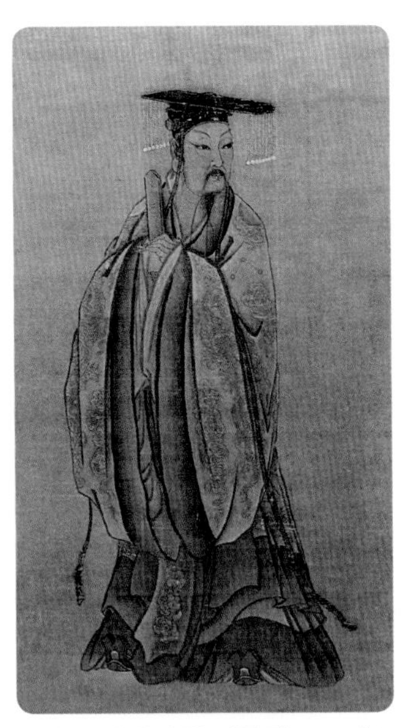

우禹 9년 홍수를 성공적으로 다스려 민심을 얻어 하나라를 건국함(BCE 2205). 중국 3대 고대왕조 하夏·상商·주周의 시조

그렇게 해서 치수에 성공하여 민심을 얻은 우는 순임금을 이어 하夏나라를 건국하게 됩니다. 중국 3대 고대왕조의 시조가 된 것입니다. 『서경』에는 '중국 문명이 붕괴될 위기에서 건져준 분이 동방의 제왕, 천제다.'라는 기록이 나와 있습니다.

그런데 중국 사람이 기록한 『오월춘추吳越春秋』에서는 이 역사를 왜곡, 조작합니다. 어떻게 했는가?

"당시 우가 너무도 괴로워 하늘에 기도를 했더니 꿈에 붉은색으로 수놓은 비단옷을 입은 남자가 나타나 '나는 현이玄夷(북방에 살던 동이족)의 창수사자蒼水使者다. 네 마음이 갸륵하니 내가 법방을 가르쳐 주마.'라고 해서, 꿈속에서 계시를 받고 국난을 해결하였다."라고 조작해버렸습니다. 부루 태자를 창수사자로 왜곡하여 중국의 요순, 하 왕조를 구원해준 단군조선을 은폐시킨 것입니다.

우내등산 앙천이소
禹乃登山하야 仰天而嘯라가
인몽견적수의남자 자칭현이창수사자
因夢見赤繡衣男子하니 自稱玄夷蒼水使者라

우는 산꼭대기에 올라가 하늘을 바라보며 울부짖다가
갑자기 잠이 들어 꿈에 붉은 자수 옷 입은 남자를 보았는데
그는 자신이 '현이의 창수사자'라고 말하였다. (『오월춘추』)

만주, 내몽골, 한반도, 일본까지 이어진 단군조선 문화 벨트

단군조선은 한반도에서 중국 하북성, 산동성, 절강성 남부에 이르는 대제국이었습니다. 춘추전국시대 오吳, 월越, 초楚 모두가 동이족의 나라로 단군조선 문화권 안에 있었습니다.

단군조선 문화를 좀 더 들여다보면, 중국 내몽골에 있는 하가점夏家店 하층문화下層文化에서 만주, 내몽골, 한반도, 일본까지 이어지는 단군조선의 문화의 띠가 나오는데 이것을 잠깐 보기로

하겠습니다.

현장에 가보면, 비파형 동검을 만든 공장 유적이 나옵니다. 그 주물 틀도 나오는데, 박물관에 아주 잘 보존돼 있습니다.

하가점 하층문화의 대표 유물인 4천 5백년 전 비파형 동검과 주물 틀

단군조선 시대의 삼족기에는 음과 양 모습의 문양이 그려져 있죠.

단군조선의 역사 유적지인 삼좌점三座店에서는 환국, 배달 문화를 그대로 계승한 원형제단 같은 것들이 숱하게 쏟아져 나옵니다.

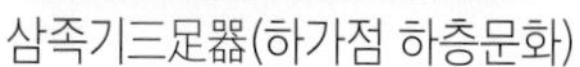
삼족기三足器(하가점 하층문화)

천제를 올린 뒤 옷가지를 태운 터도 나오고, 또 치雉(성城의 담) 같은 것이 10여 개가 나옵니다. 그런데 이 성 쌓는 법이 훗날 고구려의 성 쌓는 방법과 똑같습니다.

산성 뿐만 아니라 삼수문화를 보여주는 세 개의 바위로 만든 제단도 있습니다.

삼좌점의 소의燒衣터

삼좌점 유적의 원형 제단
배달시대 홍산문화의 원형 제단과 동일한 형태

치稚
치稚
삼좌점의 치稚
방어용 돌출 성벽. 고조선의 독특한 성벽으로 고구려성에서도 보인다
치稚
삼좌점의 치稚
방어용 돌출 성벽. 고조선의 독특한 성벽으로 고구려성에서도 보인다
3수 문화를 보여주는 돌로 만든 제단(성자산 유적)

제가 몽골에 갔을 때, 칭기즈칸이 어릴 적 고독하거나 또는 어려운 일에 부딪혔을 때 가서 마음을 달랬던 푸른 호수Blue Lake가 있는데, 거기에 검은 심장산心臟山Black Heart Mt.이 있다는 것입니

징기스칸의 고향 '헨티 아이막'의 푸른 호수Blue Lake

다. “도대체 어떻게 생긴 산인가? 한번 보러 가자!” 해서 거기를 갔습니다. 가서 호수를 보고, 그 위 검은 심장산을 올라가 보니 거기에 제단이 있었습니다.

푸른 호수 북쪽에 인접한 검은 심장산Black Heart Mt

검은 심장산 정상의 오워(서낭당). 오워 둘레의 정 동서남북에 네 기둥이 세워져 있다.

오워Ovoo 제단이라 하는데, 이 사람들이 어떻게 지리를 알았는지 자오선으로 선을 맞춰 놓았습니다. 거기 제단이 돌 셋으로 돼 있습니다. 여기에도 삼신문화가 살아 있습니다.

그러니까 환국, 배달, 조선을 알고 모르고를 떠나서 '아, **지구촌 문화는 보편성이 있구나. 지구촌은 한 가족이 될 수 있는 삶을 살아왔구나**!' 하는 것을 깊이 느끼게 됩니다.

조금 더 부연을 하면 단군조선 문화의 위대한 특징의 하나는 바로 그것이 **유라시아 대륙 유목문화의 근원**이라는 것입니다.

고조선에서 분화한 북방 유목민족

단군조선에서 뻗어 나간 유목문화는 유라시아뿐 아니라 서양에 들어가 고대를 무너뜨리고 중세를 열었으며 또 중세 말에는 중세 봉건사회의 질서 자체를 무너뜨리고 근대 자본주의 문화로 나아가는 길을 열었습니다.

『환단고기』를 보면, '3세 단군 때 내몽골 쪽 열양列陽의 욕살褥薩(지방장관) 삭정索靖이 죄를 짓자 단군이 약수弱水 지방으로 귀양을 보내어 가둬 놓았다가 훗날 사면을 해서 북방 훈족, 흉노족의 초대 왕으로 임명했다.', '4세 단군이 자기 아우 오사달을 몽고리한, 몽골의 초대 칸으로 임명했다.'는 기록이 있습니다.

命列陽褥薩索靖하사 遷于弱水하시고 終身棘置러시니
後에 赦之하사 仍封其地하시니 是爲凶奴之祖라

(명열양욕살삭정 천우약수 종신극치 / 후 사지 잉봉기지 시위흉노지조)

임금(3세 가륵단군)께서 열양의 욕살 삭정을 약수 지방에 유배시켜 종신토록 감옥에 가두셨다. 후에 용서하여 그 땅에 봉하시니, 이 분이 흉노의 시조이다. (『단군세기』)

封皇弟烏斯達하사 爲蒙古里汗하시니

(봉황제오사달 위몽고리한)

임금(4세 오사구단군)께서 아우 오사달을 몽고리한으로 봉하셨다. (『단군세기』)

참으로 놀라운 기록인데, 시베리아나 유럽에 가서 그 땅을 거닐며 『환단고기』를 읽으면 그 사실을 절감하게 됩니다.

또 '3세 단군 때 강거康居가 반란을 일으켜서 단군이 직접 지백특支伯特을 쳐서 평정을 했다.'는 기록도 있습니다. 지백특을 지금의 티베트로도 이야기하는데 티베트에 가보면 한국 문화의 원형이 그대로 살아 있습니다. 무엇보다 도깨비 문화가 있습니다.

康居叛이어늘 **帝討之於支伯特**하시니라

강거가 반란을 일으키니 임금(33세 가륵단군)께서 지백특(오늘의 티베트)에서 토벌하셨다. (『단군세기』)

티벳불교 사원의 도깨비 문양. 러시아 아르샨

겨울궁전의 도깨비 문양. 몽골 울란바토르

단군조선의 삼신문화를 계승한 흉노족

흉노족(훈족)은 단군조선의 삼신문화를 그대로 계승했습니다. 단군조선은 왕이 셋입니다. 천자(단군)가 다스리는 진한과 왼쪽, 오른쪽에 부단군이 다스리는 마한, 번한이 있었습니다. 그런데 흉노족도 좌현왕, 우현왕 제도가 있었습니다.

몽골에 가니까 몽골의 한 젊은 고고학 박사가 자기는 평생 눈만 뜨면 발굴하러 다닌다고 하면서, 한 2천여 년 전에 흉노족, 지금의 훈족이 지배를 하던 몽골대륙에서 흉노 무덤이 많이 나오는데, 중앙에 있는 무덤이 좌우보다 크더라고 설명을 해 줍니다. 중앙에 탱리고도선우*撑犁孤塗單于라 하는 대천자가 있고 좌우에 보필하는 두 왕이 있었다고 합니다. 이렇게 세 사람의 통치자가 영역을 나누어 다스리는 통치제도는 삼신사상과도 통합니다. 삼신이 조화, 교화, 치화로 나누어 통치했다는 것입니다.

탱리는 하늘, 고도는 아들, 선우는 광대함을 뜻한다.

중국과 남미에 살아 있는 삼신문화

중국의 마지막 왕조인 청나라에도 삼신문화가 있었습니다. 지금 심양에 있는 누르하치 궁전을 가보면 마당 중앙에 누르하치 황제의 자리가 있고 그 좌우에 전각 두 개가 음양 보필로 세워져 있습니다.

그러니까 중국은 역대 왕조에서 몽골족이 세운 원나라뿐만 아니라 만주족이 세운 청나라까지 유목문화의 전통인 삼신문화를 가지고 있는 것입니다.

헝가리 쪽에도 이 훈족이 들어왔다고 합니다. 그리고 600년 동안 통일왕조 비슷하게 유럽에 군림했던 오스트리아, 독일의 합스부르크Habsburg 왕조의 원 뿌리가 스위스 변방에서 시작되었는데, 그들 문화를 들여다보면 **동방 고조선의 삼신문화, 삼수문화, 용봉문화, 도깨비 문화가 다 들어와 있습니다.**

청태조 누루하치 궁궐(중국 요령성 심양)

그 유물을 살펴보면, 오스트리아 빈에 있는 합스부르크 왕가의 봉황 모양 크리스탈이 백제의 금동향로와 틀이 비슷해서 깜짝 놀라게 됩니다.

합스부르크 왕가의 봉황 모양 크리스탈

백제 금동대향로

왕의 식기에는 용이 새겨져 있습니다. 왕이 이보다 더 거대한 것을 여러 개 세워 놓고 밥을 먹었다고 하는데, 식기 한가운데에 용이 저렇게 양쪽으로 조각되어 있습니다.

합스부르크 왕가는 18세기 말에 프랑스에서 혁명이 일어나 공화제를 만들고 거기서 나온 나폴레옹에 패하면서 왕조의 힘이 크게 약화됩니다. 또 프로이센 왕국이 합스부르크 왕가에 도전하여 독일의 리더가 되면서 합스부르크 왕가는 독일에서 밀려나 발칸 반도로 눈을 돌리게 되었습니다. 이러한 사정이 결국 1차 세계대전을 낳았던 것입니다. 좌우간 6백 년 이상 유럽의 정치와 문화를 주도했던 합스부르크 왕가의 유물과 문화에서 우리는 **유라시아 대륙을 넘나드는 유목문화가 깊이 배어 있음**을 알 수 있습니다.

합스부르크 왕가의 대형 황금 그릇

훈족은 4세기 중반에 유럽으로 들어가 동방의 유목문화를 뿌리 내렸습니다. 합스부르크가의 문화를 면밀히 살펴보면 **유럽에도 천자문화가 있었음**을 알게 됩니다. 합스부르크 가문 출신이 로마제국을 계승한 신성 로마제국의 황제 자리에 앉고 나서 나중에 이 왕조의 맥이 단절되는데 바로 여기에 오늘 3부의 결론, 새로운 인류 문명사의 분기점을 이루는 역사 변혁에 대한 최종 결론이 담겨 있습니다.

왜곡된 동방의 원형문화

제3부 '치유와 새로운 비전의 시간'의 말씀 핵심은 **오늘의 인류가 황금시절의 천지광명 문화를 잃어버려서 육신의 두 눈을 감으면 어둠밖에 없다**는 것입니다. 우리는 고대 동방의 원형문화를 잃어버리고 그 악업으로 근대사의 새로운 선언이 왜곡되어서, 인류 역사의식의 근본이 완전히 변형, 왜곡된 불행한 시대에 살고 있습니다.

제3부

치유와 새로운 비전의 시간

이제 오늘 말씀의 결론인 3부는 치유의 시간입니다.

3부의 주제를 간단히 정리하면 **서학西學과 동학東學을 동시에 알아야 한다**는 것입니다. 서양은 기독교 문명이 근본입니다. 기독교의 역사와 신앙, 진리의 근본을 제대로 이해하지 못하면 우리는 서양문명의 심장부를 들여다볼 수 없습니다. 유학이 지배했던 근세조선에서는 기독교를 서학이라고 했습니다.

한편 1860(경신)년 음력 4월 5일에 경주 최씨, 최수운 대신사가 하느님과 직접 문답을 했습니다. 그것이 천상문답 사건입니다. 이때 이분이 상제님으로부터 '앞으로 오는 새 시대를 선언하라.' 하는 천명을 받습니다. 여기서 동학이 나온 것입니다.

그럼 왜 동학인가? 동학東道도 아니고 동교東教도 아니고 말입니다. 그것은 '**도道와 교教를 함께 배워서 도의 이상세계를 성취하는 사람이 되는 공부**다.' 해서 동학입니다. 영어로 Eastern

최수운(1824~1864)

상제님과 최수운의 천상문답사건 : 1860(경신)년 음력 4월 5일 수운은 우주의 통치자 하느님, 상제님과 문답을 통해 도통을 받아 동학을 창도했다.

Learning, 이 상대어가 바로 서학, Western Learning인데, 기독교를 서학으로 번역한 것입니다.

서양 제국주의가 기독교를 내세워 아프리카를 삼키고 동양의 맨 끝자락까지 쳐들어오면서 동방의 실체를 왜곡했습니다. 그것이 오리엔탈리즘입니다. 오리엔탈리즘의 결론이 동방문화는 샤머니즘, 무속문화라는 것입니다.

그래서 오늘날 대한민국의 보통 젊은이들, 문화인들, 종교인들이 모두 여기에 감염되어 '장독대에 청수 올리고 기도하는 우리 문화는 샤머니즘이다. 미신이고 무속이다. 그것은 다 부숴버려야 한다. 그게 근대화다.'라고 굳게 믿고 있습니다.

한국인은 지금 동방 원형문화인 신교, 삼신문화를 잃어버리고 하느님의 본래 호칭인 '상제上帝'를 잃어버렸습니다.

삼신칠성 문화는 상제문화

환단 시대인 환국·배달·조선 문화는 삼신문화이고, 삼신과 음양 짝이 되는 것이 칠성문화입니다. 인간의 육신을 구성하게 해

주는 생명의 기운이 우주의 성스러운 별, 북두칠성北斗七星에서 옵니다. 이 칠성문화는 동서양에 다 있습니다.

'하느님의 궁전'은 천상의 북두칠성에 있습니다. 그래서 **'하늘의 궁전에 계신 하느님과 나의 조상과 함께 나는 언제나 한마음으로 살리라.** 내 마음은 내 영혼과 육신의 고향, 저 천상의 하느님의 별, 칠성을 향하노라.' 하는 믿음과 서원으로 **성인식을 치르며 머리 위에 상투**를 꽂습니다. 5,500년 전의 제사장인 왕들의 무덤을 보면 머리 해골 위에 상투를 꽂은 옥고玉箍가 나옵니다. 북방 유라시아 대륙에 있는 흉노족 무덤에서도 그것이 나옵니다.

하지만 **우리는 진리를 체득해서 인간의 몸에 깃든 신성을 발현시켜 살아있는 우주, 살아있는 광명, 살아있는 신으로 사는 진리 체계, 원형문화의 수행법을 잃어버렸습니다! 환단桓檀 시대, 천지 광명문화 시대의 인간관, 신관, 우주관, 역사관 그 모든 것을**

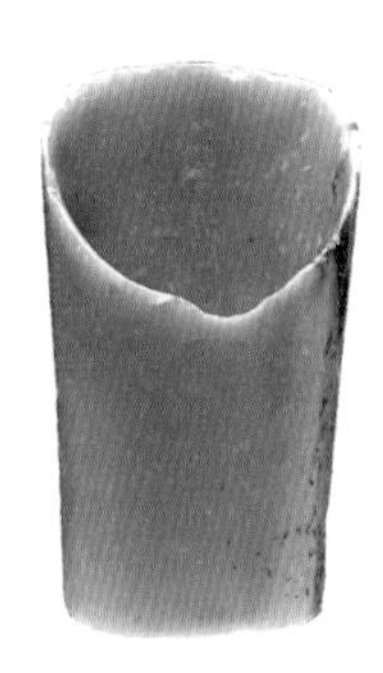

상투용 옥고玉稿

우하량 제2지점 1호 적석총 유골

잃어버린 것입니다. 우리 조상들이 정화수를 떠놓고 칠성님께 기도하는 문화는 미신이 아니라 하느님 문화의 원형입니다. 그러나 우리는 동방 7천 년 원형문화 역사시대의 삼신칠성 문화를 다 잃어버렸습니다.

유대족 역사 속의 삼신칠성 문화

서양문화의 근원을 가보면 기독교의 원형 뿌리가 수메르 문명인데, 수메르인들은 6천 년 전 자신들이 천산天山, 하늘산을 넘어왔다고 합니다. 이후 수메르 도시국가가 우르를 비롯해서 한 10여 개가 세워졌습니다.

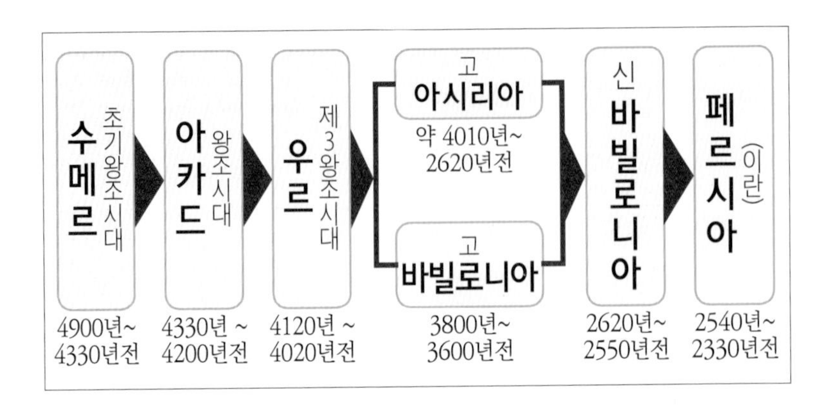

4천 년 전 우르에 살던 기독교 믿음의 시조, 구약의 아브라함은 하느님의 말씀을 듣고 자기 아버지와 형제들을 데리고 북방으로 갔다가 지금의 가나안 팔레스타인으로 들어갔습니다.

서양문명의 근원이 이스라엘 신앙문화입니다. 지금의 천주교, 개신교, 이슬람이 다 여기서 온 것입니다. 그런데 아브라함의 후손 즉 **유대인들이 삼신칠성 문화를 다 가지고 있습니다. 동방에서는 일본이, 중동에서는 이스라엘이 동북아 인류 창세 원형문화를 그대로 가지고 있습니다.**

아브라함의 자손들이 이집트로 가서 4백 년 이상 이집트인들의

아브라함Abraham의 이주 경로

종으로 살다가 모세의 지휘 아래 이집트를 탈출하여 유대 땅으로 돌아와 정착합니다. 그런데 모세 이후 5백 년 세월이 흘렀지만 팔레스타인에 살던 여러 이민족들의 침략을 계속 받게 됩니다. 그래서 이렇게는 도저히 못 살겠다 해서 “우리에게 왕을 세워주옵소서!” 하고 기원을 했습니다. 그렇게 해서 나온 최초의 왕이 사울입니다. 그 후에 용사이자 시인으로 유명한 왕 다윗이 나왔고 이 다윗의 아들이 예루살렘 성전을 세운 왕, 솔로몬입니다.

사울Saul

다윗David

솔로몬 왕 때 이스라엘은 번영을 누렸다고 합니다. 예루살렘 성전도 이때 호화롭게 지어졌죠. 그러나 성전을 짓느라 너무 백성들을 쥐어짰는지 그의 사후 이스라엘은 남북의 두 왕국으로 나뉘어졌습니다.

솔로몬Solomon

이스라엘은 솔로몬 사후 남북 왕조(남유다·북이스라엘왕국)로 나뉨(BCE 928)

그리고 결국 북왕국은 아시리아 제국에 의해 망하고 남왕국은 바빌론 제국에 의해 멸망합니다. 그래서 많은 유대인들이 포로로 멀리 떨어진 바빌론까지 끌려가게 되는데 이것이 바로 바빌론 유수幽囚입니다.

이때 유대인들은 바빌론에서 놀라운 천상궁전을 보게 됩니다. 바빌론의 왕 네부카드네자르Nebuchadnezzar 2세가 왕비의 향수병을 달래기 위해 지은 거대한 공중정원! 아마 인류 역사에서 이렇게 멋진 정원을 만든 적이 없을 것입니다. 잠깐 한 번 볼까요? 상생방송에서 수십 번을 틀어줬습니다.

전체 조감도

자, 여기 보면 원시 피라미드의 원형인 지구라트가 나오는데 그게 꼭대기 신전까지 일곱 단으로 되어 있습니다. 칠성 문화로 말이죠.

우리가 독일의 페르가몬 박물관을 가보면, 처음 이슈타르 문을 탁 열고 들어가지 않습니까? 바빌론의 북문을 다 뜯어왔는데 거기 보면 아주 신비스러운 동물들이 새겨져 있습니다.

보통 사진이나 책으로 봐서는 모르고 현장에 직접 가서 보면 그게 용의 피부처럼 돼 있는 걸 알 수 있습니다. 타르에다가 색을 입힌 것입니다.

그리고 이슈타르 문에는 생명나무도 그려져 있습니다. 그 나무의 줄기가 셋이고 이파리도 셋으로 돼 있습니다. 삼수三數문화입니다. 이처럼 **바빌론의 문화에도 삼신과 칠성문화가 있는 것**입니다.

이슈타르문에 장식된 신상神像 부조들

이슈타르문의 생명의 나무
줄기와 잎이 모두 3수로 구성. “삼수문화”

유대 역사 속에도 삼수문화가 있습니다. 유대 역사는 아브라함, 이삭, 야곱 3대로 출발했습니다. 유대족의 하느님 야훼신이 항상 선언하기를 '나는 아브라함의 하느님이요, 이삭의 하느님이요, 야곱의 하느님이다.'라고 했습니다. 이스라엘 민족의 하느님, 이스라엘 민족의 삼신이라는 말입니다.

동방의 원형문화를 간직한 수메르 문명에서 유대문화가 갈려 나갔기 때문에 유대의 역사와 문화에서도 삼수 칠성문화가 드러나는 것입니다. 또한 유대족은 아시리아, 페르시아, 바빌로니아, 그리스, 로마 등 강대국의 침략을 받고 식민지 생활을 해 왔습니다. 그래서 이스라엘이라는 국가의 실제 존속기간은 짧게 잡으면 약 600년, 길게 잡아도 한 700년밖에 되지 않습니다.

그런데 우리가 약 600~700년의 국가 역사를 가지고 있는 이스라엘, 그들 역사의 시조인 아브라함의 후손이 될 수가 있냐 말입니다. **우리는 9천 년의 역사를 가진 민족입니다**! 지금 이 얼굴로 아브라함의 후손이 될 수가 있겠습니까? 이스라엘 사람이 될 수 있느냐는 겁니다. 우리는 우리의 잃어버린 문화 역사의 실체를 제대로 알아야 할 것입니다.

서양 제사장 문화의 상징, 멜기세댁의 원형은 웅상문화

그런데 바이블의 시편과 히브리서에 아주 중대한 선언이 있습니다.

* 야훼께서 이르시기를… 너는 멜기세덱의 반차를 좇아 영원한 제사장이라 하셨도다. (시편 110:4)

* 그가 아들이시라도 받으신 고난으로 순종함을 배워서 온전하게 되었은즉 자기를 순종하는 모든 자에게 영원한 구원의 근원이 되시고 하나님께 멜기세덱의 반차를 좇은 대제사장이라 칭하심을 받았느니라. (히브리서 5:8-10)

그리스도는 멜기세덱의 계보를 이은, '신과 인간을 중재하는 영원한 제사장'이라는 말입니다. 멜기세덱은 아버지가 전혀 언급되지 않은 수수께끼의 인물입니다. 그러니까 기독교 문화의 원형은 "아비도 없고 어미도 없고 족보도 없고 시작한 날도 없고 생명의 끝도 없어 하나님의 아들과 방불하여 항상 제사장으로 있느니라."(히브리서 7:3)라는 선언에서 온 것입니다. 아버지, 어머니가 없는 사람이 어디 있습니까? **기록자들이 이스라엘 역사의 뿌리, 유대족 역사의 실체를 없애버린 것**입니다.

유대족, 이스라엘 역사의 뿌리가 거세되어 있지만, **그리스도 문화는 멜기세덱 문화의 틀 속에서 전개**되었습니다. 아브라함이 자기 친족 롯을 구하기 위해 전쟁에 나가서 승리를 하고 돌아와 만난 사람이 제사장이자 살렘 왕인 멜기세덱이었습니다. 멜기세덱은 떡과 포도주를 가지고 나와 지극히 높으신 하느님의 이름으로 아브라함을 축복합니다. 이날 아브라함은 전리품의 십 분의 1을 멜기세덱에게 바칩니다. 이것이 십일조 문화의 기원입니다.

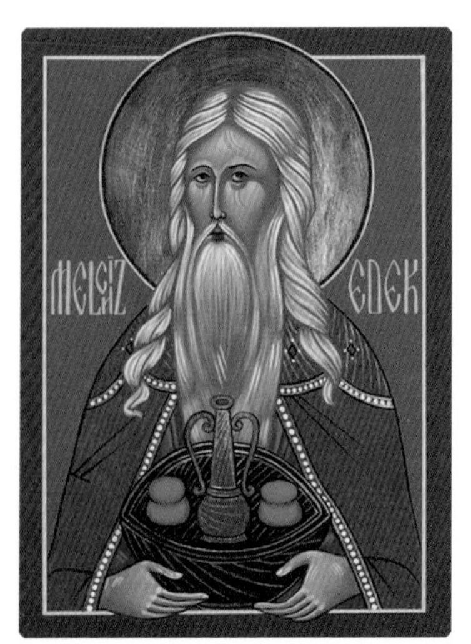

그리스도 문화의 원형인 멜기세덱

아브라함의 후손, 예수도 서양 제사장 문화의 원형인 멜기세덱을 계승하여 제사장이 되었습니다. 멜기세덱은 인류 원형문화 시대 때 평화의 왕이며 정의로운 왕이자 영원한 제사장의 표상이 되는 인물입니다. 서양의 제사장 문화인 멜기세덱 문화가 지구촌 전역에 다 있는데, 이 **멜기세덱 문화의 원형은 바로 6천 년 전 지구의 창세 역사 문화 시대인 환국을 계승하여 신시배달국을 세운 환웅의 웅상 문화입니다. 웅상은 '환웅은 언제나 우리와 함께 하신다'는 의미**입니다. 환웅은 제사장과 왕을 겸한 분으로 **제사장과 왕 문화의 근원이 환웅**입니다.

그런데 서학 즉 기독교가 제국주의의 모습을 띠고 동방에 들어올 때, 우리 동방문화가 왜곡되어 서양에 잘못 소개되기 시작했습니다. 이에 대해 1차 결론을 내린 것이 바로 동학입니다. 동학은 지구촌이 한 가족문화로 태어날 수 있는 새 역사시대를 선언

(멜기세덱)그가 아브람에게 축복하여 이르되 "천지의 주재시요 지극히 높으신 하나님이여 아브람에게 복을 주옵소서…" (「창세기」 14:19~20)

했습니다. 그래서 동학이 인류 근대사의 진정한 출발점이 됩니다.

왜곡된 동학의 3대 주제

그럼 동학이 선언한 새 역사의 주제는 무엇일까요?

최수운 대신사가 1860년에 새로운 근대사 선언을 했습니다. 그것이 동학의 3가지 핵심 메시지입니다.

첫째 주제는 무엇인가?

수운은 도통을 받을 때 천주(상제)님으로부터 이런 메시지를 선언하라는 천명을 받습니다.

"시천주조화정侍天主造化定 영세불망만사지永世不忘萬事知."

이것은 '**앞으로 천주님을 모시고 조화를 정하는 조화문명 시대가 오는데 하느님의 마음을 모든 사람이 체험하고 도통문화를 생활화하는 그 은혜를 영세토록 잊지 못하옵니다.**'라는 뜻입니다. 하느님 아버지가 직접 설계하시고 건설하시는 새로운 인류문명, 바로 그것이 시천주조화정의 조화문명입니다. '**앞으로 이런 조화문명이 활짝 열린다.**'는 것이 동학의 메시지입니다.

侍天主	천주님을 모시고
造化定	조화를 정하는 조화문명시대가 열린다
永世不忘萬事知	천지만사를 도통하는 큰 은혜를 영세토록 잊지 못하옵니다

둘째, '지금까지의 인류문화는 우주 봄여름철의 선천 문화이고, **앞으로는 우주의 가을문화 시대가 열리는 후천 세상이다.**'

이것을 선언하고 있습니다.

"십이제국 괴질운수 다시개벽 아닐런가." (『용담유사』)

이 말씀은 '**지구촌 동서 대국이 괴질 병란을 당하여 인류 문명이 새로운 문명으로 전환을 한다. 이것이 다시 개벽이다.**'라는 말입니다. 실질적인 **근대사의 선언인 동학의 주제에서 가장 중요한 것은 개벽**입니다. 역사가 개벽된다! 문명의 질서가 바뀐다는 것입니다.

그럼 어떻게 바뀌는가?

셋째, "무극대도 닦아내니 오만년지 운수로다."

그러니까 '동방 한민족이 9천 년 동안 섬겨왔던 천제 문화의 원 주인공인 우주의 통치자, **상제님이 동방 땅에 강세하시고, 그분의 무극대도 진리가 나와서 앞으로 인류 문화는 아버지 문명 시대, 성부님 시대로 들어간다.**'는 것입니다.

이것이 동학의 3대 핵심 선언입니다. 그런데 이게 다 왜곡되었습니다.

동학은 유교식으로 해서 천도교天道教라고 왜곡되고, **시천주는 인내천人乃天으로 변질**되었습니다. 교과서에 동학의 핵심 교리가 전부 인내천이라고 되어 있어 사람들이 시천주를 모릅니다. 그리고 **천주님을 무신론적인 비인격신으로 해석**했습니다.

천주天主는 문자 그대로 천지의 주인, 하늘의 주인입니다. 2천 년 전에, 세례요한이 요단 강에서 "천국이 가까이 왔나니 회개하라!"고 외쳤는데, '서학에서 외친 천국이 이제 동방 땅에서 성취되는, 역사의 새로운 바람이 일어난다.' 이것이 동학의 선언입니다. 그러니까 '앞으로 인류 문화는 하나님의 아들 시대가 아니라 하나님 아버지 시대, 성부시대로 들어가기 시작한다.'는 것입니다.

참동학의 핵심 가르침

동학은 그 뒤 조선 왕조가 망할 때 농민 동학군 60만이 조직됐는데, 그 가운데 30만이 조선 관군과 일본 특수부대에 의해 참혹하게 죽습니다. 이어 의병이 일어나고, 조선의 황후가 일본인에 의해 무참하게 죽고 나서 고종이 나라 이름을 조선에서 대한제국으로 바꾸었습니다. 그리고 13년 만에 그 근대국가는 무너져 버립니다.

보천교普天敎 성전

20세기 초 전라도 정읍에서 일어난 보천교는 당시 항일독립운동의 중요한 자금 조달처였다

그런데 동학군 60만이 패망당한 뒤 그 뒤를 계승해서 20세기 초엽에 **항일운동과 독립운동 자금의 사령탑인 보천교**가 일어났습니다. 조선총독부와 미국 국무성의 기록을 보면, 이 **보천교의 참동학군 수가 600만**이라고 했습니다. 이 문서가 지금도 남아 있습니다.

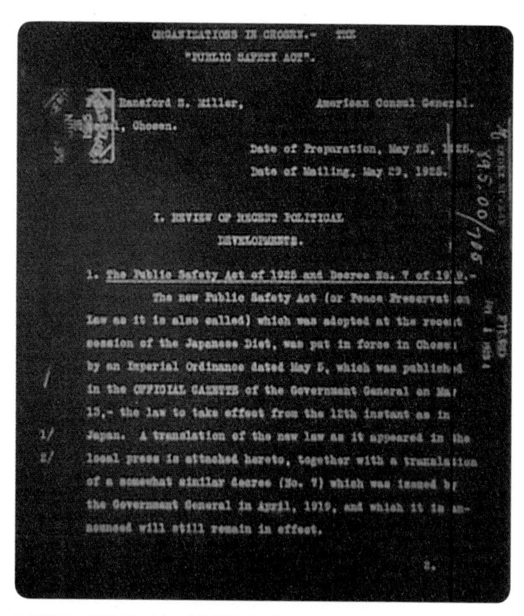
ORGANIZATIONS IN CHOSEN.- THE
"PUBLIC SAFETY ACT".

[illegible] Ransford S. Miller, American Consul General.
[illegible], Chosen.

Date of Preparation, May 25, 1925.
Date of Mailing, May 29, 1925.

I. REVIEW OF RECENT POLITICAL
DEVELOPMENTS.

1. The Public Safety Act of 1925 and Decree No. 7 of 1919.-
The new Public Safety Act (or Peace Preservation Law as it is also called) which was adopted at the recent session of the Japanese Diet, was put in force in Chosen by an Imperial Ordinance dated May 5, which was published in the OFFICIAL GAZETTE of the Government General on May 15,- the law to take effect from the 12th instant as in Japan. A translation of the new law as it appeared in the local press is attached hereto, together with a translation of a somewhat similar decree (No. 7) which was issued by the Government General in April, 1919, and which it is announced will still remain in effect.

2.

보천교 6백 만 신도를 밝힌 미 국무성 밀러 보고서

당시 연구 자료를 보면 항일운동을 한 것이 기독교와 천주교는 다 합해야 25건인데 이 참동학군은 147건입니다. 그런데 근대사가 기독교 중심으로 정리되면서 우리 한민족의 본래 종교, 원형종교, 순수종교는 찬밥 신세가 된 것입니다. 한국인조차도 이러한 진실을 모릅니다.

1920~1940년 항일운동 기사 (『보천교의 물산장려운동』, 안후상)

종교명	기독교	천주교	불교	유교	천도교	보천교	태을교	훔치교
항일기사 건수	23	2	18	15	32	83	9	55
합계	23	2	18	15	32	147		

그러면 참동학의 가르침은 무엇인가?

『환단고기』에 나오는 환국의 원형문화 정신을 바탕으로 우주의 통치자 상제님을 섬겨온 한민족 문화권에서 근대 역사의 출발점인 19세기 후반에 나온 위대한 새로운 선언이 '**우주의 통치자 상제님이 동방 땅에 오셔서 새로운 진리를 열어주신다.**'는 것입니다.

그러면 상제님께서 열어주신 새로운 진리는 무엇인가?

우주가 12만9천6백 년을 한 주기*로 순환을 하므로 인간의 역사도 순환을 합니다. 이 우주 일 년, 12만9천6백 년을 봄여름 선천과 가을겨울 후천으로 나눕니다. 우주의 겨울인 빙하기가 지나고 5만 년 전 우주의

* 과학계 연구에서도 13만 년을 주기로 대빙하기가 온다고 한다. 이 빙하기가 바로 우주의 겨울철에 해당한다. 참동학의 가르침에서 알려주듯이 지금 인류는 우주의 여름철 끝에서 우주의 가을철로 접어들고 있다.

봄철에 지구에는 크로마뇽인이 나왔습니다. 그러고서 4만 년이 지난 1만 년 전에 환국桓國이 나오고 배달, (단군)조선, 그 다음에 북부여, 고구려(사국 시대), 북쪽의 발해 즉 『환단고기』에서 말한 대진과 남쪽의 통일신라(남북국 시대), 고려, (근세)조선, 그리고 지금 아홉 번째 대한민국 남북 분단 시대를 맞고 있습니다. 이 남북 분단 시대에서 이제 열 번째 나라로 들어가게 됩니다. 『천부경天符經』에서 일적십거一積十鉅라 하였듯이 열 번째 새로운 역사시대가 펼쳐지는 것입니다. 이것을 동학과 참동학에서는 '선천이 지나고 가을우주 역사시대인 후천이 오는 것'이라고 하는 겁니다.

'**지금은 우주의 봄여름 철을 마무리 짓고 가을우주로 들어가는 때다. 이제는 가을 우주 역사 시대다**.' 이것이 상제님의 가르침을 받은 동학과 참동학의 선언입니다.

그러면 여름에서 가을로 갈 때 무엇을 준비해야 할까요? 우선 가을을 맞이해야 되잖습니까? 여름에서 가을이 되면 "아, 바람이 너무 차다." 하고 옷을 새로 갈아입습니다. 그것처럼 문명의 옷, 생활문화, 신앙 등 모든 삶의 양식을 바꿔야 하는 것입니다.

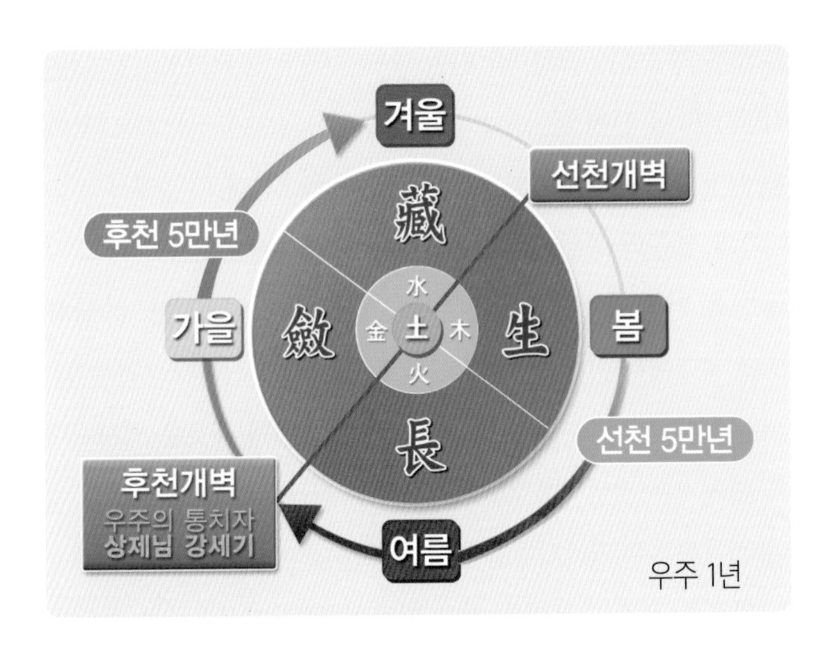

여름에서 가을로 갈 때 인류의 삶에서 가장 크게 브레이크가 걸리는, 인류가 극복해야 할 중대한 과제가 있습니다. 그것이 무엇일까요?

앞으로 동학에서 예고한 12제국 괴질운수, 즉 **온 지구촌에 병란이 닥친다**는 것입니다. 왜 병이 오는 것인가? 그것은 **춘생추살**春生秋殺, **봄에 천지에서 낳고 여름에 길렀다가 가을이 되면 추살로 그 위엄을 떨치는 천지이법 때문**입니다. 가을이 되면 한 번 싹 ~ 정리를 해서 거기서 실제 열매 종자를 건집니다.

그럼 그 기준은 무엇인가? 뿌리를 찾는 것입니다.

『도전道典』을 보면 강증산 상제님 말씀이 "이때는 **원시반본**原始返本**하는 시대**라."(2:26)라고 하셨습니다. **'지금은 뿌리로 돌아가는 때다. 근본을 바로잡아야 한다.'**는 말씀입니다. 모든 인간과 사물은, 작은 풀잎조차도 뿌리 기운에 의해 탄생을 하고 매 순간 존재하는 것입니다. 뿌리를 잊고 뿌리를 무시해 버리면, 뿌리에

배은망덕하면 멸망 당할 수밖에 없습니다.

동서 문명의 운명을 바꾼 변혁의 손길, 시두

이제 결론의 마지막 한 매듭을 말씀드리면, 가을철에 추살 바람이 부는데 그것을 알려주는 **가장 중대한 문명 변혁의 손길이 시두時痘라는** 것입니다.

> 앞으로 시두時痘가 없다가 때가 되면 대발할 참이니
> 만일 시두가 대발하거든 병겁이 날 줄 알아라. (『도전道典』 7:63)

시두는 어떤 병일까요? 시두는 인류 문명사 최초의 전염병이자 가장 많은 희생자를 낸 전염병입니다. 16세기 초 스페인 군대가 아메리카를 정복할 때 시두를 퍼뜨렸는데, 원주민 인디언 7천 5백만 가운데 한 5백만 명만 남았다고 합니다. 1, 2차 세계대전 사망자 이상으로 많은 사람이 희생됐습니다.

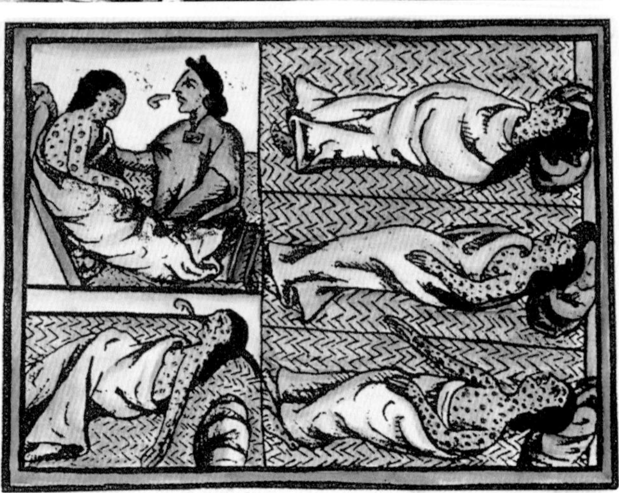

16세기 스페인군이 옮긴 시두와 학살로 남미 원주민 7천 5백만 명 중 5백만 생존

또 유럽의 역사를 보면 프랑스의 태양왕 루이 14세의 아들 루이 15세(재위 1715-1774)가 시두로 죽었습니다. 그리고 영국의 앤 여왕(재위 1702-1707)은 아들 하나만 있었는데, 그 아들이 그녀가 여왕이 되기 전 그만 시두로 죽고 맙니다. 십여 차례에 유산을 반복한 후 얻은 아들이었는데 그 아들이 11세의 어린 나이로 죽은 이후 앤은 더 이상 임신을 하지 못했습니다. 그래서 그녀의 사후 스튜어트 왕가의 혈통이 끊어지게 되었고 독일의 하노버공 조지가 영국 왕이 되었던 것입니다.

근대 유럽 왕조의 운명을 바꾼 시두

루이 15세 시두로 사망(1774년)
▼
손자 루이 16세 때 프랑스혁명 발발(1789년)

앤 여왕의 외아들(10세) 시두로 사망,
스튜어트 왕가 절손
▼
독일 하노버의 공작 조지 1세를
영국 왕으로 임명

신성로마 제국 황제였던 오스트리아 합스부르크 왕가의 요제프 1세(재위 1705-1711)도 왕성한 32세의 나이로 후사 없이 죽었는데 그 때문에 왕위는 그 동생 카를 6세에게 계승됩니다. 바로 그 유명한 마리아 테레지아의 부친입니다. 아들을 낳았지만 한 살도 되지 못해 죽어 카를 6세의 신성로마 황제의 자리는 그 장녀 마리아 테레지아에게로 넘어갔습니다.

이처럼 영국과 프랑스 왕가, 오스트리아의 합스부르크 왕가에서 희생자가 나오고 그 때문에 혈통이 끊어지기까지 한 것이 바로 시두 때문이었습니다.

요제프 1세(1678~1711)
시두로 사망

카를 6세(1685~1740)
외아들 사망,
합스부르그 왕가 절손

마리아 테레지아(1717~1780)
합스부르크 왕가의
마지막 통치자

나폴레옹(1769~1821). 황제 등극 후 종두법種痘法을 군대와 민간에 시행. 오스트리아, 프로이센 등을 무찌르고 유럽의 패자가 되었다.

나폴레옹이 지금의 프랑스 노트르담 성당에 교황을 불러다 놓고 대관식을 하고 나서 선언한 것이 "시두 예방 접종을 시키라!"는 것이었습니다. 나폴레옹이 전쟁을 하면서 시작한 시두 예방 접종이 유럽 모든 나라에서 일반화되었다고 합니다.

그런데 1851년 쿠데타를 통해 프랑스 제2제정을 세우고 황제가 되었던 나폴레옹의 조카 나폴레옹 3세는 평화의 시기가 되자 시두 접종을 제대로 안 했던 모양입니다. 그 정보를 입수한 비스마르크가 독일 제국의 성립을 위해서는 프랑스와 반드시 맞붙어야 한다고 시비를 걸며 유인해서 전쟁을 했습니다. 프랑스 100

나폴레옹 3세(1808~1873)
워털루 전쟁(1815년) 후 시두 접종 중단

비스마르크(1815~1898)
시두 접종을 실시함

만 대군과 독일의 전신인 프러시아 80만 대군이 싸웠는데 그때 시두가 터졌습니다. 여기서 독일이 승리하여 독일 제국을 세우게 됩니다.

우주음악의 완성, 시천주주와 태을주

이 시두에 대한 비책이 바로 '동황東皇은 태일太一이다'라는 구절에 들어 있습니다.

천지와 하나가 돼서 사는 인간이 태일입니다. 『동의보감』을 보면 '시두가 터질 때는 태을구고천존太乙救苦天尊을 찾아라.'라고 했습니다.

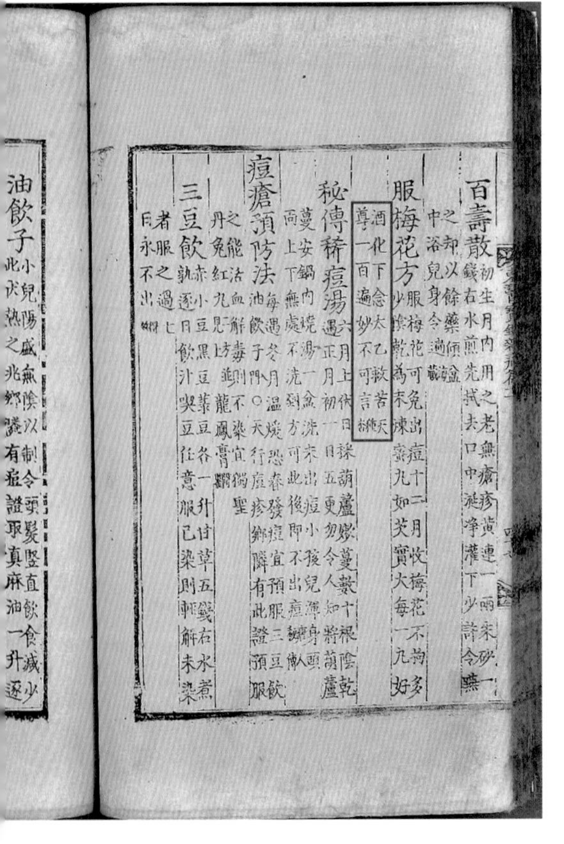
百壽散
服梅花方
酒化下念太乙救苦天尊一百遍妙不可言
秘傳稀痘湯
痘瘡預防法
三豆飲
油飲子

太乙에서 치유의 은혜가 내려옴을 밝힌 『동의보감』의 시두 처방
"태을구고천존太乙救苦天尊을 일백 번 읽으면 묘하기가 말로 다할 수 없다."(『동의보감』「잡병편」)

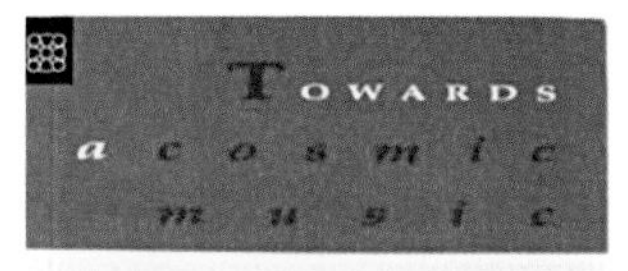

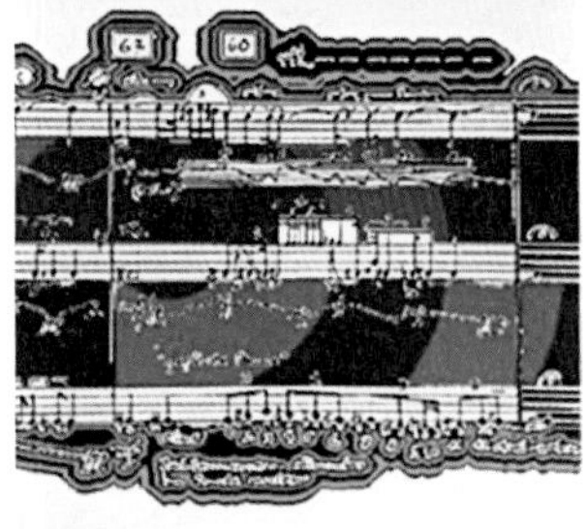

'종교음악도 인간의 영원한 생명성, 신성, 신과 나의 관계, 삶의 목적을 노래해야 한다' (『Cosmic Music』)

이 곳 독일의 유명한 **칼하인츠 슈톡하우젠**Karlheinz Stockhausen(1928~2007)**이 우주 음악을 제창**했습니다. '지금의 음악가는 음악을 이성적 산물로 여기는 교육으로 인해 살아 있는 녹음 테이프가 돼 버렸다. 작곡가나 가수나, 몇 곡을 가지고 수천만 번을 불러서 심금을 울리지만, 그러나 천지 부모의 영원한 생명과 신성과 우주광명을 체험할 수가 없다.'는 것입니다.

슈톡하우젠은 그의 저서에서 이렇게 말했습니다. **'종교 음악은 인간의 영원한 생명, 신성, 신과 나의 관계, 삶의 목적, 이것을 노래해야** 하는데, 이런 노래가 지금 제대로 작동되고 있지 않다.'고. 현대 음악은 물론 지금의 모든 문화 사조가 크게 한 번 정리돼서 바뀌어야 합니다!

영원한 음악, 신의 음악, 우주의 진정한 생명의 음악이 9천 년 전 환국 이후 도통맥으로 내려온 주문 문화입니다. 그리고 9천 년 우주광명 문화의 최종적 열매로서 천지 부모의 영원한 생명을 체험하는 우주음악이 시두를 극복하는 **동방 9천년 영성문화의 결론, 시천주주**侍天主呪**와 태을주**太乙呪입니다. 이것이 근대 역사의 출발점에서 선언된 우주음악의 완성입니다.

시천주주侍天主呪

시 천 주 조 화 정 영 세 불 망 만 사 지
侍天主造化定 永世不忘萬事知

태을주太乙呪

훔 치
吽哆
태 을 천 상 원 군 훔 리 치 야 도 래 훔 리 함 리 사 파 하
太乙天 上元君 吽哩哆哪都來 吽哩喊哩娑婆訶
훔 치
吽哆

시천주주, '시천주조화정 영세불망만사지'가 우주음악 시대의 서곡으로 이것이 참동학에서 태을주로 완성이 됐습니다.

앞으로 오는 대격변, 병란과 자연의 크고 작은 재난을 극복하는 대우주의 조화성령 문화의 근원이 태을문화입니다. **천지와 하나 되는 태일이 되게 해 주는 신성문화의 상징이 태을**太乙인데, 당나라 때의 여동빈이 『태을금화종지太乙金華宗旨』라는 책을 썼습니다.

그런데 이 책을 20세기 초에 중국에 와 있던 독일의 선교사 리하르트 빌헬름이 독일로 돌아가 번역하면서 『황금꽃의 비밀Das Geheimnis der Goldenen Blüte』이라 했습니다. 태을이라는 글자를 빼먹었습니다. 그러면서 **'태을은 무상지위無上之位, 이 우주에서 가장 높은 궁극의 하나님의 조화 경계를 말하는 것**이다. 우리가 태일이 될 때 거기서 우주를 창조하고 만물이 태어나는 물이 생성된다.' 하는 주석을 붙여 놓았습니다.

리하르트 빌헬름
(1873~1930)

태을금화종지(독일번역판)

THE SECRET OF THE GOLDEN FLOWER
A CHINESE BOOK OF LIFE
TRANSLATED AND EXPLAINED BY RICHARD WILHELM
WITH A COMMENTARY BY C. G. JUNG

The Secret of the Golden Flower(황금꽃의 비밀)
제목에 '태을太乙'은 번역되지 않았다.

중국에서 활동한 독일인 선교사 리하르트 빌헬름이 『태을금화종지』를 서양에 처음 번역 소개함(1928년)

태을자 무상지위
太乙者 無上之謂 (『태을금화종지』)

태을이란 더할 나위가 없는 것을 말한다.

(태을은 더 이상이 없는 궁극의 조화 경계)

'태을은 무상지위' 원문에 대한 빌헬름의 주석:

'하늘이 일자一者를 얻어서 물을 생성한다

‚Der Himmel erzeugt durch die Eins das Wasser.'

가을 개벽기에는 누구도 시천주주와 태을주를 읽어야 합니다. 앞으로 가을개벽의 병란이 전 지구에 확산됩니다. 그때 이 두 주문을 전수받고 3년 개벽의 실제상황을 이겨야 가을우주의 지상 선경문명으로 들어설 수 있습니다.

지구촌 인류는 한 형제

오늘 말씀의 최종 결론은, 우리가 **진정한 한국인이 되려면, 완전히 왜곡되고 말살된 한민족 역사와 영성문화, 우리 조상들이 9천 년 동안 섬기며 생활화해 왔던 원형종교를 알아야 한다**는 것입니다.

그리고 **서학은 동학을, 동학은 서학을 배워야** 합니다. 즉 서양은 동양을 배우고, 동양은 서양을 배우며 모든 종교인들이 타종교를 적극적으로 배워야 합니다. 제가 늘 참회하는 게 '내가 얼마나 적극적으로 봄여름철의 문화, 역사, 종교를 참된 마음으로 배우려고 했나!' 하는 것입니다. 문제가 되는 것을 비판할 수는 있지만 지구촌 인류는 한 형제입니다.

『환단고기』가 정말 자랑스러운 이유는, '**구환일통**九桓一統 **사상**'을 담고 있기 때문입니다. '**지구촌 구환족**九桓族, **오색 인종은 본래 한 뿌리에서 나왔다. 지구촌 70억 인류는 한 형제다.**'라는 것입니다.

만국활계남조선

참동학의 위대한 메시지인 '만국활계남조선萬國活計南朝鮮'은 '**오늘날 지구촌의 모든 고난을 극복할 수 있는 진리의 원형, 우주 진리의 열매가 바로 대한민국 남쪽 땅 남조선에서 나온다.**'는 것입니다. 한민족과 인류를 향한 위대한 근대사의 선언이 바로 '만국활계남조선'입니다.

이제 오늘 말씀을 매듭지으면서, 이 시간이 우리 모두가 상생의 문화, 상생의 삶으로 함께 나아가는 소중한 계기가 되기를 바랍니다. 종교의 경계를 벗어나 대한의 아들딸로서 한민족의 잃어버린 창세역사와 원형문화에 대해 좀 더 적극적으로 참여하시기를 당부합니다.

아울러 세계 어떤 국가, 문화권에 있다 해도 지구촌 인류는 한 형제라는 마음으로, 언제라도 다시 만나면 웃으면서 9천 년 문화역사와, 다가오는 가을우주의 오만 년 새 문명의 비전에 대해 도담을 나눌 수 있기를 축원합니다. 감사합니다.